KAMPENWAND
VERLAG

ISBN: 978-3-947738-40-3


Raiffeisenstr. 4 · D-83377 Vachendorf
www.kampenwand-verlag.de

Versand & Vertrieb durch Nova MD GmbH
www.novamd.de · bestellung@novamd.de · +49 (0) 861 166 17 27

Text: Anette Weiß
Lektorat: Christina Müller
Bilder: ©Lukas Gojda/shutterstock, ©mythja/shutterstock,
© janniwet/shutterstock, © Ron Dale/shutterstock
Druck: CUSTOM PRINTING
Wał Miedzeszyński 217, 04-987 Warszawa, Polen

ANETTE WEIß

RENTE OHNE ROULETTE

# GELD & Gloria

Die Pflichtlektüre für eine solide Altersvorsorge

DER ETWAS ANDERE FINANZRATGEBER

# VORWORT

## EVA ABERT

Wer von uns hat in seinem Leben bisher keine Berührungspunkte mit dem Thema Geld gehabt? Und wer hat nicht mindestens einmal so richtig danebengegriffen, weil er auf andere gehört hat, anstatt sich selber darum zu kümmern?

Mir ist es auf jeden Fall so gegangen – und das Schlimmste: Es war mir lange Zeit relativ egal, ich habe mich wenig dafür interessiert, an welchen Stellen ich finanziell falsche Entscheidungen getroffen habe.

Diesen Fauxpas habe ich nur deshalb mit einem blauen Auge überstanden, weil meine finanzielle Grundsituation so gut war, dass es mir nicht das Genick gebrochen hat. Aber inzwischen schäme ich mich für diesen Umgang.

Vor allem hätte ich es besser wissen können. Ich hatte Mathe Leistungskurs, habe BWL studiert und 4 Jahre lang in einer Bank gearbeitet.

Inzwischen weiß ich, dass für unglaublich viele Menschen ein derartig naiver Umgang mit Geld in einer finanziellen Katastrophe endet. Und ich weiß heute, wie einfach es wäre, dies zu umgehen: indem man seine eigene finanzielle Kompetenz erhöht.

Denn genau das habe ich in den letzten Jahren massiv getan. Ich habe das Wissen – genau wie du – leider nicht in der Schule, noch auf der Universität und noch nicht einmal in der Bankausbildung gelernt. Sondern von so großartigen Experten wie Anette Weiß, die sich dem Thema der finanziellen Bildung verschrieben hat.

Anette hat eine langjährige Bank-Karriere hinter sich und ist heute als Geldlehrerin, Dozentin, Geld-Coach, Versicherungs- und Honorarfinanzanlageberaterin aktiv, um den Menschen die Kompetenzen zu vermitteln, die sie benötigen, um ihre Finanzen selber zu managen.

Ich arbeite nun schon seit 2017 mit Anette Weiß zusammen und habe mich sowohl von ihrem tiefgehenden Wissen als auch von ihrer extrem guten Arbeit überzeugt und freue mich daher sehr, dass auch Du heute die Gelegenheit hast von ihrem unglaublichen Wissensfundus und ihrer unnachahmlichen Art, diesen zu vermitteln, zu profitieren.

Ich wünsche Dir viel Freude beim Lesen dieses Buches, es wird Dich in finanzieller Hinsicht zu einem völlig neuen Menschen mit ganz neuen Möglichkeiten machen.

*Deine Eva Abert*
*Gründerin der Vermögensakademie*

# EINFÜHRUNG

## GELDRECHNEN IST KEINE MATHEMATIK

Wir können wohl alle rechnen. Wir haben es in der Grundschule gelernt, und seither rechnen wir uns mehr oder weniger flüssig und mit mehr oder weniger Begeisterung durchs Leben.

Ich bin mir sicher, dass die meisten Menschen sogar bereits zu Kindergartenzeiten anhand von Geldmünzen mit dem Rechnen begonnen haben, genau das war unser Einstieg in die Welt der Zahlen und der Wirtschaft. Kannst Du Dich noch erinnern, welch unglaubliche Faszination dieses Geld, um das die Erwachsenen so ein wahnsinniges Gewese machen, ausgeübt hat?

Ich weiß jedenfalls noch sehr genau, dass es das Allergrößte war, das erste Mal alleine einkaufen zu gehen und mit Bargeld zu bezahlen. Wie heftig uns eingeschärft wurde, das Rückgeld zu kontrollieren! Es war ein richtiges Abenteuer ...

Wann also haben wir damit aufgehört, Geld und das damit verbundene Rechnen faszinierend zu finden – und warum? Wohin sind diese Begeisterung und die

Achtsamkeit, die uns als Kind noch zu Eigen war, verschwunden?

Wir haben damit aufgehört, als die Mathematik dazu kam.

Rechnen wurde mühsam und kompliziert. Wir haben aufgehört, Rechnen als aktiven Bestandteil unseres Lebens zu verstehen, und haben es in die Schule verbannt.

Auch „Geld“ und „Rechnen“ sind auseinandergefallen. Das eine wurde zum Mangelbegriff (wer hat als Kind und Jugendlicher schon genug Geld?), das andere wurde eine abstrakte Wissenschaft: Es wurde zu „Mathematikunterricht“, gepresst in 5 Wochenstunden à 45 Minuten. Meist langweilig, manchmal sogar beängstigend. Mit Hausaufgaben, Klassenarbeiten und allem, was dazugehört. Du kennst das Spiel.

Wer von uns war nicht froh, nach dem Schulabschluss nichts mehr mit Mathe zu tun zu haben?

Ich kann mich jedenfalls noch gut daran erinnern, dass ich sehr erleichtert war: Ich hatte mein Mathe-Abitur gnadenlos versemmelt und konnte mich nur durch die mündliche Nachprüfung retten, indem ich den Prüfern allen Ernstes erklärt habe, wie Mengenlehre funktioniert.

Bei all dem Elend hatte ich zumindest noch das Glück, dass mir die Mathematik an sich Freude gemacht hat: Mir war damals schon bewusst, dass mehr hinter diesen Zahlen und Formeln steckt, als man uns in der Schule vermittelt. Dieses Bewusstsein rettete mich zwar nicht vor schlechten Noten – aber es hat mich wenigstens dafür offen gehalten, nicht zu blockieren, als es dann später in der Ausbildung und im Studium wieder um viel Rechnerei ging.

Trotzdem habe ich, genau wie du, nie wieder freiwillig einen Blick in ein Mathebuch geworfen.

Warum also schreibe ich ein Rechenbuch?

Weil es ein Geld-Rechenbuch ist.

Das bisschen Mathematik, das wir benutzen, ist nur das Vehikel, das Werkzeug, welches wir benötigen, Geld in Leben zu übersetzen und aus Zahlen einen Lebensplan zu machen.

Ich werde Dir zwar die Formeln, die wir nicht benutzen (weil wir nämlich mit furchtbar praktischen Online-Helfern arbeiten), der Vollständigkeit halber hinten im Glossar aufschreiben – aber Du wirst sie nicht brauchen, es sei denn, Du entdeckst jetzt doch noch die Liebe zur Mathematik.

Mein vorrangiges Ziel ist es, in Dir ein Feuer zu entfachen: Ich will, dass Du am Ende für Deine Zahlen und für Dein Geld – als Mittel dessen, wie die Du Dein Leben gestaltest – brennst.

# DENKEN HEISST VERGLEICHEN

Ich weiß ja nicht, welche Gefühle Du für Geld hegst, bin mir aber sicher, sie sind sehr ambivalent. Ich kenne keinen einzigen Menschen, der ausschließlich gute oder schlechte Gefühle gegenüber Finanzen hegt.

Wir haben alle unsere Ressentiments, sei es gegenüber den „unverdient Reichen" oder den „faulen Armen", gegenüber denjenigen, die es besser haben als wir – genauso übrigens wie gegenüber denjenigen, die es schlechter haben. Waren die einen eben nicht so schlau, nicht so fleißig oder nicht so sparsam, so hatten die anderen „einfach Glück" oder haben gar reich geerbt.

Ganz selten können wir neidlos anerkennen, dass jemand eben alles richtig gemacht hat – und selbst dann hat wohl auch der Zufall eine große Rolle gespielt.

Gräme Dich nicht, wenn Du manchmal solche Gedanken hegst. Wir Menschen sind ebenso: Wir können nicht anders, wir müssen uns immer vergleichen, wir müssen immer unsere eigene Welt zu dem in Beziehung setzen, was wir uns gerade anschauen.

Kritisch mit Dir umgehen solltest Du aber, wenn Du sehr oft solche Gedanken hegst. Es ist nicht schön, sich selbst immer als Maßstab aller Dinge zu betrachten: Andere Leben bringen andere finanzielle Umstände hervor und der äußere Anschein trügt immer.

Selten haben wir – wenn Du nicht gerade selbst Finanzberater bist – einen genauen Einblick in den Geldbeutel und das Leben anderer. Du weißt nie, welchen Preis jemand für sein Vermögen wirklich bezahlt hat.

Genauso weißt Du nie, ob jemand, dessen Finanzleben Du mit hochgezogenen Augenbrauen betrachtest, gar nicht anders konnte, als Entscheidungen zu treffen, die sein Leben negativ beeinflusst haben – selbst wenn es ein Blinder mit Krückstock *von außen* hätte jederzeit sehen können.

Eine der wichtigsten Lehren, die ich aus meiner langen Geld-Mensch-Beziehung gezogen habe, ist: Jeder trifft zu jeder Zeit die Entscheidungen, von denen er glaubt, sie seien richtig.

Niemand steht eines schönen Morgens auf und beschließt:

"So, heute treffe ich mal eine richtig miese Geldentscheidung und unterschreibe einen entsetzlich schlechten Versicherungsvertrag!"

Niemand sucht sich schon von Anfang einen Beruf oder einen Lebenspartner, mit dem er wissentlich niemals auf einen grünen Zweig kommen wird.

Und keiner kauft sich absichtlich eine Geldanlage, mit der er seine Altersvorsorge aufs Spiel setzt.

# GELD ALS DER GROSSE GLEICHMACHER, DER KLEINSTE GEMEINSAME NENNER

Das Schöne am Geld ist, das es sich nicht betrügen lässt. Ich kann alles in Geld umrechnen: Konsumdinge, Arbeit, Freizeit, Gesundheit, Erfahrungen, Erlebnisse – selbst Gefühle lassen sich in Geld umrechnen.

Gesundheit lässt sich mit Geld nicht bezahlen, sagt man – und ja, das stimmt. Ebenso lässt sich Liebe nicht auf einem Kontoauszug anzeigen – aber doch bezahlen viele Paare einen Preis für eine nicht mehr funktionierende Beziehung, der einfach zu hoch ist.

Wenn ich also nicht alles beziffern kann, was da ist, so kann ich es spätestens dann beziffern, wenn es nicht mehr da ist: Unsere Gesundheit ist unbezahlbar – unsere Krankheit dagegen schon. Unsere Liebe lässt sich nicht kaufen, unsere verlorenen Gefühle dagegen kosten oft sehr viel Geld.

Auf diese Art werden auch die Kosten von Versicherungen oder Krediten berechnet:

Wenn ich nicht herausbekommen kann, wie teuer ein solches Finanzprodukt ist, so kann ich aber doch herausbekommen, wie viel ich dem Produktgeber über die Zeit bezahle und wie viel ich wieder zurückbekomme – die Lücke dazwischen (natürlich verzinst) ist dann das, was der andere an mir verdient.

Die Hälfte des Geldrechnens besteht also darin, den Standpunkt zu wechseln und von hinten nach vorne zu rechnen.

Die andere Hälfte des Geldrechnens besteht darin, zu bewerten und in Relation zu setzen.

Absolut gesehen sind 10.000,- Euro einfach nur 10.000,- Euro – ob das viel oder wenig Geld ist, liegt im Auge des Betrachters und in der Sache für die er die 10.000,- Euro verwenden soll.

Wenn es 10.000,- Euro kosten würde, mittels Coaching oder Therapie, gemeinsam genossener Erlebnisse und Restaurantbesuche Deine jahrelange Beziehung zu retten und wieder auf gesunde Füße zu stellen – ist das dann viel oder wenig Geld?

Für mich wäre es keine Frage, ich würde alles daran setzen, diese 10.000,- ausgeben zu dürfen.

Für jemand anderen aber wäre es vielleicht eine absolute Unmöglichkeit, weil die Mittel einfach nicht aufzutreiben sind. Oder er würde die Situation für sich selbst komplett anders bewerten und die 10.000,- lieber in die Einrichtung der dann notwendigen neuen Wohnung stecken …

Hier wird Geld also relativ.

Wir müssen uns alle zu jeder Zeit hinterfragen, welchen Preis wir für unser Leben, für unsere Erwartungen und unsere Entscheidungen zu zahlen bereit sind.

Egal ob wir reich oder arm sind:

Sobald wir aus dem Sumpf der unmittelbaren Bedürfnisbefriedigung von Essen, Trinken, Schlafen und Sicherheit herausgekrochen sind, geht es darum, uns unser Leben „schön“ zu gestalten. Und was schön ist, entscheidet jeder für sich selbst.

# VOR DEM RECHNEN STEHT DAS SELBST-DENKEN – IMMER

Die althergebrachte Finanzberatung kann nicht funktionieren. Sie hat einen großen, grundsätzlichen Fehler, der bis heute in jedem Beratungsgespräch praktiziert und sogar immer noch in der Ausbildung gelehrt wird. In jeder Veröffentlichung, die sich mit Altersvorsorge und Vermögensaufbau beschäftigt, kannst Du ihn finden: Wir, die Profis, erzählen und berechnen Dir, dem schützenswerten Verbraucher, welches Leben Du zu führen hast.

Wir rechnen Dir aus, wie viel Prozent von Deinem Einkommen Du für Deine Rente zurücklegen sollst.

Wir rechnen Dir aus, wie Dein Leben zu budgetieren ist (höchstens 50 % Deines Gehalts dürfen für Miete ausgegeben werden, 30 % für die Vorsorge wären recht und den Rest darfst Du nutzen, um zu essen, trinken und Freude am Leben zu haben).

Wir rechnen Dir sogar aus, dass Du 80 % Deines heutigen Nettolohns als Rente haben solltest.

Es ist also kein Wunder, dass die Rentenberatung in Banken und Versicherungen nicht nachhaltig greift:

Wenn Dir jemand überstülpt, was Du zu tun hast und was „richtig" ist, so wirst Du irgendwann bockig.

Du wirst vielleicht ein paar Jahre lang sparen, wie es Dir gesagt wurde – Du wirst aber bei der ersten größeren finanziellen Katastrophe, die Dein Leben heimsucht, keine Scheu haben, auch eine seit 10 Jahren laufende Rentenversicherung aufzulösen oder Deinen Riester-Vertrag stillzulegen.

Wenn Du Deine Entscheidungen nicht selbst getroffen hast, sondern nur gefolgt bist, kannst Du nicht aus Deiner Haut:

Sobald es schwierig wird, wirst Du immer so priorisieren, wie Dein Inneres es vorgibt und nicht, wie es Dir irgendwann einmal in einer Finanzberatung – und sei sie noch so gut gewesen – ans Herz gelegt worden war.

Genau deswegen werden jedes Jahr Rentenversicherungen im Wert von 17 Milliarden vorzeitig aufgelöst. Das ist viel Geld, egal, von welcher Warte aus man das betrachtet.

Sie werden nicht aufgelöst, weil die Menschen festgestellt hätten, dass diese Versicherungen zu schlecht, zu teuer oder zu unpassend für sie waren.

Nein, diese Versicherungen werden aufgelöst (und damit Milliarden an Geld sinnlos in den Rachen der Versicherungskonzerne gespült), weil jetzt das Auto kaputt gegangen ist, die Hochzeit ansteht, eine große Reise gemacht werden will oder das Girokonto ausgeglichen werden muss.

Wer aus solchen Umständen heraus ein solches Produkt kündigt und dabei in Kauf nimmt, richtig viel Geld zu verlieren, hat dieses Produkt schon aus den falschen Gründen abgeschlossen.

Es kann niemals eine eigenständige, wohl durchdachte Entscheidung gewesen sein.

Damit dir so etwas in Zukunft nicht oder nicht wieder passieren kann, gibt es nur einen einzigen Weg:

Du musst Deine finanziellen Entscheidungen selbst denken und – mindestens in den wichtigsten Teilen – selbst rechnen.

## FINANZPLANRECHNEN I ALT WERDEN IST NICHTS, DEM DU ENTKOMMEN KANNST

### WANN WILLST DU IN RENTE GEHEN?

Wenn es also darum geht, dass Du Dich um Deine Altersvorsorge kümmern willst, so musst Du Dir erst einmal darüber klar werden, was „alt werden“ und „alt sein“ für Dich bedeutet.

Ja, alt sein ist eine Entscheidung, die Du selbst treffen kannst – zumindest in der Finanzplanung.

Staatlich verordnet sind wir mit 67 Jahren alt, zumindest mal zu alt zum Arbeiten. Davon gehen auch die meisten Berater aus und das schlucken auch viele Beratene, die vor dem Profi-Schreibtisch sitzen und denen es Angst und Bang wird, wenn sie sich vorstellen, so lange arbeiten zu müssen.

Ich kenne Leute, die mit 67 aussehen, als könnten sie locker Bäume ausreißen. Genauso kenne ich Menschen, bei denen ich schon mit 55 finde, dass sie ziemlich „durch“ sind.

Außerdem kommt es auch auf den Beruf an, den man sich gewählt hat:

Während ich in meinem Beruf theoretisch wie Helmut Schmidt bis 97 am Schreibtisch sitzen und mit Menschen sprechen kann, wird ein Krankenpfleger rechte Mühe damit haben, mit 65 noch kranke Menschen aus dem Bett zu heben.

Und ob eine Erzieherin mit 64 noch den Lärmpegel und die Geschwindigkeit der sie umschwirrenden Kinder ertragen kann? Ich weiß nicht.

Ob ein Maurer mit 61 noch 8 Stunden lang Steine heben, Zement mischen und Baustellen hoch- und runterkraxeln kann? Wohl eher nicht.

Du siehst, jedes Leben ist anders – und der Einzige, der wissen und planen kann, ab wann Du zu alt zum Gelderwerb bist, bist Du selbst. Lass dich also nicht von einer staatlichen Altersgrenze oder einer Finanzberatung einengen – weder in die eine noch in die andere Richtung.

67 ist das Alter, ab dem die gesetzliche Rentenversicherung Dir eine monatliche Rente bezahlen wird – nicht mehr und nicht weniger.

Lass Dich nicht von der medialen Panikmache oder Deinem unkenrufenden Umfeld negativ beeinflussen und ausbremsen, sondern finde und gehe Deinen eigenen Weg.

Wenn Du also der Meinung bist, Deinen Job nur noch bis 60 machen zu wollen oder zu können – gut, dann lass uns überlegen, wie Du vorher so viel Vermögen anhäufst, dass Du ab dann nicht mehr aktiv Geld verdienen musst.

Oder lass uns überlegen, wie Du nach 60 auf andere Art Geld verdienen kannst.

Oder, welche Mittelwege und Kompromisse Du eingehen könntest, um doch bis 67 zu arbeiten, es aber nicht mehr so anstrengend für dich ist.

Es gibt immer Lösungen, die dazu geeignet sind, das zu erreichen, was Du wirklich erreichen willst.

Umgekehrt funktioniert das Spiel natürlich ebenso: Wenn Du Deine Arbeit sehr liebst, so darfst Du natürlich auch gerne länger arbeiten.

Hier hast Du zusätzlich natürlich den großen Vorteil, dass Du ein weniger großes Kapitalpolster brauchst, von dem Du in der Rente zehrst. Wenn Du also bis 75 arbeiten und Geld verdienen willst: bitte sehr, rechne und plane so.

Deine erste Aufgabe im Geldrechnen ist es also, Dir zu überlegen:

## WANN BIN ICH SO ALT, DASS ICH NICHT MEHR ARBEITEN KANN ODER WILL?

Schreibe Dir Deine persönliche Rentenzahl auf ein sauberes Blatt Papier. Du hast nun die erste Zahl Deines persönlichen Finanzplans, die uns das Maß aller Dinge in der Rechnerei sein wird.

## EXKURS:
### WENN DU NICHT GERNE ARBEITEST

*Übrigens: Wenn Dir bei der Beantwortung der Frage „Wann will ich nicht mehr arbeiten?" spontan die Antwort „Nächstes Jahr!" oder „In 5 Jahren!" rausrutscht und du bist noch keine 50, dann hast Du kein Altersvorsorgeproblem, sondern ein Arbeitslebensproblem.*

*Das ist durchaus ernst zu nehmen und Du solltest da ruhig mal einen Finger drauflegen.*

*Es gibt nämlich nur drei Möglichkeiten, mit einem ausgeübten Beruf umzugehen, der Dich nicht befriedigt, davon sind zwei gut und eine sehr schlecht, weil sie akut Deine Lebenszeit verkürzt und Deine Lebensqualität mindert.*

***Die zwei guten Möglichkeiten sind:***

*a) Verändere Deine Einstellung und Deine Ansprüche bezüglich Deines jetzt ausgeübten Jobs.*

*Suche und finde die positiven Dinge an der Situation, z. B. das gute Gehalt, die gute Arbeitsatmosphäre, die netten Kollegen, die wunderbaren Sozialleistungen, die Arbeitszeiten, die räumliche Nähe zum Wohnort, die Freiheit, Dinge entscheiden zu können – oder die Gelassenheit, keine Dinge entscheiden zu müssen.*

*Lege dein Augenmerk auf diese positiven Dinge und schau mal, wie weit sie Dich tragen – vor allem, wenn du Dir parallel dazu noch eine wirklich befriedigende Aufgabe in deinem Privatleben suchst.*

*Es gibt unzählige Beispiele von Menschen, die zufrieden sind, in ihrem 9-to-5-Job nicht die Welt zu retten, und die dafür im Privaten ganz viel Glück erfahren, egal ob in der ehrenamtlichen Obdachlosenhilfe oder im örtlichen Sportverein.*

*Wenn du nach diesem – in der Coaching-Sprache „Reframing" genannten – Umbau Deiner Sicht auf Dein Berufsleben dann keine Bauchschmerzen mehr dabei bekommst, jeden Tag weiterhin auf deine bisherige Arbeitsstelle zu gehen, dann kannst du Dich wieder – und diesmal unbeeinflusst – fragen, wie lange Du dieses gute Leben noch auf diese Art führen möchtest.*

*b) Wenn ein Reframing Dir schon beim Durchlesen Angst gemacht hat und für Dich überhaupt nicht in Frage kommt oder fehlgeschlagen ist, bleibt Dir nur die Möglichkeit, Dich beruflich zu verändern.*

*Du sollst jetzt natürlich nicht sofort Deine Kündigung schreiben – aber Du kannst schon mal so DENKEN, als hättest du sie schon geschrieben.*

*Wo würdest Du Dich bewerben, wärst Du frei zu arbeiten, wo Du willst?*

*Oder: Womit würdest du Dich selbstständig machen, wenn es sowieso immer schon Dein Traum gewesen ist?*

*Oder: Was ist der Job, den Du gerne machen würdest, für den Du aber noch nicht ganz qualifiziert warst?*

*Wenn du dann weißt, was dich beruflich glücklicher machen würde, gehe es an:*

*Schreibe die Bewerbung, was hast Du schon zu verlieren? Schreibe den Businessplan für Deine Selbstständigkeit, vielleicht wird der Traum ja realisierbar?*

*Und, hey, was hindert dich daran, die Qualifizierung noch nachzuholen oder sogar den neuen Wunscharbeitgeber zu fragen, ob er vielleicht eine Möglichkeit sieht, Dich innerbetrieblich nachzuqualifizieren?*

*Das Schlimmste, was Dir aus all diesen Aktivitäten heraus passieren kann, ist, das nichts passiert.*

*Deutlich wahrscheinlicher ist aber, dass etwas passiert. Vielleicht erntest Du nicht sofort den neuen Traumjob in den nächsten 3 Monaten – aber sicher erntest Du eine schöne Erweiterung Deines Horizonts und das Aufmachen Deiner inneren Türen für Möglichkeiten, die sich Dir bieten. Und sie bieten sich. Vielleicht nicht sofort. Vielleicht nicht aus der Ecke, aus der Du sie erwartest.*

*Aber sie bieten sich immer, Du musst nur bereit sein, sie zu erkennen.*

*Und dann hätten wir noch c), die dritte Möglichkeit im Umgang mit dem ungeliebten Job:*

*Lass alles so, wie es ist, und jammere darüber – nicht nur innerlich, sondern auch bei deinen Freunden, Bekannten und in der Familie.*

*Schaff Dir in jahrelangem „Ich muss ja!" mindestens ein Magengeschwür oder besser noch einen Burnout an (wahlweise auch einen Boreout – der hat die gleichen Symptome, ist aber aus Langweile, Sinnlosigkeit und Unterforderung bei gleichzeitiger Anwesenheitspflicht geboren). Verschwende Dein Leben damit zu müssen. Arbeite zur Freude Deines Arbeitgebers schon ab Deinem 50. Geburtstag auf die Rente hin und ärgere Dich regelmäßig darüber, dass Jüngere an Dir vorbei befördert werden, obwohl Du ja deutlich länger im Betrieb bist und sowieso schon lange „an der Reihe" wärst.*

*Du weißt schon, worauf ich hinaus will, ich denke, ich kann den Ironie-Hammer wieder einpacken ...*

*Nein, jetzt also im Ernst: Nur die ersten beiden Möglichkeiten kommen ernsthaft in Frage, wenn Du Dir dieses Buch gekauft hast. Wer sein Leben in Finanzdingen in die eigene Hand nimmt, wird auch sein Leben außerhalb der Finanzen nicht von „den Umständen" und dem „Ich muss ja!" bestimmen lassen.*

# TRÄUME DEINEN TAGESABLAUF

Die nächste Zahl wird noch spannender zu denken sein, denn jetzt bitte ich Dich, Dir Deine Zukunft zu erträumen: Was wirst du den lieben langen Tag tun, wenn Du in Rente bist?

Wie stellst Du dir vor, wie Dein Alltag aussehen wird, wann wirst Du aufstehen, was wirst Du frühstücken?

Was machst Du dann? Ganz oldschool Zeitung lesen oder am Smartphone die Nachrichten konsumieren – oder willst du vielleicht vom Elend der Welt überhaupt nichts mehr wissen und gehst lieber sporteln?

Was gibt es zu Mittag – kochst Du Dir was Kleines oder gehst Du Mittagstisch mit Freunden essen?

Was passiert am Nachmittag – soll es ein Mittagsschläfchen sein oder fegst Du lieber durch die Stadt und schaust, was es so Neues gibt?

Und abends? Bist Du der Ausgeh-Typ oder lieber Netflix auf der Couch?

Apropos Couch: Wo steht diese Couch denn?

Steht sie in einer schönen kleinen Zweizimmerwohnung in Berlin-Mitte oder lieber in dem Haus, das Du selbst gebaut hast und aus dem man Dich mit den Füssen voran raustragen wird, wenn es mal so weit ist?

Natürlich geht es noch weiter, denn wir haben ja auch in der Rente nicht nur Alltag.

Wie sieht es denn aus mit Urlaub?

Bist Du ein Reisejunkie und es soll am liebsten alle 2 Monate eine Fernreise irgendwohin sein, so lange es die Gesundheit zulässt? Oder magst Du lieber nur einmal im Jahr irgendwo in Spanien oder im Schwarzwald zwei Wochen Wanderurlaub machen, weil Du ansonsten zu lange von den Enkeln getrennt wärst?

Du siehst, nur Du kannst wissen, wie Dein Alter aussehen soll. Und nur, wenn es Dir Freude macht, an dieses Leben zu denken, wirst Du auch mit Freude heute Geld in die Hand nehmen können, um das Morgen zu gestalten.

**Ja, aber …!**

Ich höre schon Deine leisen Zweifel: Moment mal – woher weiß ich denn, ob ich überhaupt gesund sein werde? Ich will ja überhaupt nicht alt sein, wenn ich mich mehr schlecht als recht durchs Leben schlagen muss.

Und außerdem weiß ich ja überhaupt nicht, ob ich mir mein Traumleben überhaupt bezahlen kann? Wenn ich mir anschaue, was auf meiner Renteninfo steht, passt das hinten und vorne nicht – ist das denn nicht alles vollkommener Quatsch?

Nein, ist es nicht. Wenn Du nicht weißt, wo Du hin willst, wie Dein Ziel (also Dein alltägliches, schönes Leben im Alter) genau aussieht, so weißt Du auch nicht, welchem Weg Du folgen musst, um dieses Ziel zu erreichen.

Natürlich kann es sein, dass Du mit 69 umfällst und alles vorbei ist. Es könnte auch sein, dass Du krank wirst und ab 75 pflegebedürftig bist. Das sind aber keine Ziele, das sind Ängste.

Diese Ängste sind natürlich nicht von der Hand zu weisen und es ist sinnvoll, darüber nachzudenken und Vorsorge zu treffen – aber das tun wir an einem anderen Tag.

Blockiere Dich bitte nicht selbst und fokussiere Dich im Moment allein auf Dein gutes Leben im Alter: Die Wahrscheinlichkeit, dass Du alt wirst, ist weitaus höher als die, dass Du früh stirbst.

Ebenso unwahrscheinlich ist es, dass Du relativ zeitgleich mit Eintreffen des Rentenbescheids zum Pflegefall wirst.

Der liebe Gott (oder wer auch immer) hat den Menschen so gebaut, dass er normalerweise ziemlich lang ziemlich gesund bleibt – am weitaus höchsten ist also die Wahrscheinlichkeit, dass Du zuerst mal eine ansehnliche Zeit lang „einfach in Rente" sein wirst.

Wie lange das gut gehen wird, kannst Du nicht wissen – aber Du weißt, dass es eine gut verbrachte Zeit sein soll. Darauf arbeiten wir hin, das ist Dein Ziel.

Selbstverständlich könnte es auch sein, dass Du Dir Dein Rentenleben trotz allen Planens und aller Anstrengung nicht komplett so gestalten kannst, wie Du es Dir heute wünschst. Aber auch hier gilt:

Wenn Du aufgrund des Planens und der Vorsorge auch nur einmal in der Woche etwas von dem tun kannst, was Dir Freude macht, so hat sich das alles doch rentiert!

Auch wenn es abgedroschen klingt, so ist das Zitat von der Taube auf dem Dach und dem Spatz in der Hand doch wahr und aktueller denn je:

Der Unterschied zwischen fehlender Lebensqualität und etwas Lebensqualität ist sehr groß für denjenigen, der eben keine hat.

# NUTZE DIE UNTERSTÜTZUNG DEINES UNTERBEWUSSTSEINS

Wenn Du schon gedacht hast, dass die Zahl auf deiner Renteninfo „zu wenig" sein wird, bist Du gedanklich schon mitten drin im nächsten Schritt.

Dein Gehirn hat schon angefangen, Preisschilder auf Deine Unternehmungen im Alter zu kleben.

Genau das brauchen wir: Rechne aus, wie viel das Leben, welches Du später zu führen gedenkst, kostet. In Euro.

Mach Dir bitte keine Gedanken darüber, dass Du ja nicht weißt, wie viel die Wohnung, die Du Dir vorstellst, in 20 oder 30 Jahren an Miete kosten wird. Oder dass Du ja auch nicht weißt, wie viel Reisen später kostet, oder Lebensmittel oder, oder, oder – um die Preise in der Zukunft kümmern wir uns im nächsten Kapitel, das ist jetzt noch viel zu früh. Nur wenn wir einen Schritt nach dem anderen gehen, verzetteln wir uns nicht.

Nimm also einfach die Preise von heute:

Wie viel kostet denn eine Wohnung, so wie Du sie Dir für Dein Alter vorstellst, heute?

Wie teuer sind die Reisen heute, die Du später machen möchtest?

Wenn Du im Alter einmal die Woche im Restaurant essen willst, wie teuer ist es, wenn Du das heute schon tun würdest?

Wenn Du ein Eigenheim hast:

Wie viel kostet Dein Haus denn heute an Neben- und Instandhaltungskosten?

Willst du mit 80 noch den Garten selber pflegen, wenn nein, wie viel kostet denn so eine Gartenpflege, wenn man sie heute als Dienstleistung einkauft?

Bepreise Dein Leben in der Zukunft so, als würdest du es heute schon führen.

**Keine Abkürzung, bitte**

In der etablierten Finanzberatung und in vielen Büchern wird oft geraten, einfach 80 % des heutigen Nettolohns als Grundlage für den späteren Rentenbedarf anzusetzen.

Ich möchte Dich bitten, diese Abkürzung lieber nicht zu gehen, denn diese Rechnung geht nicht auf: Stell Dir mal vor, Du wärst heute schon in Rente und solltest Dein ganzes heutiges Leben von 80 % Deines jetzigen Nettolohns abzüglich Steuern, Kranken- und Pflegeversicherung bestreiten.

Die Argumentation, man hätte in der Rente ja weniger Ausgaben als in der Berufszeit, hinkt hinten und vorne:

Ja, vielleicht braucht man weniger Berufskleidung. Aber mehr Medikamente.

Fährt man wirklich weniger Auto? Hey, wenn man endlich Zeit hat, alles zu tun, was man mag, bleibt man dann wegen der Spritkosten zu Hause?

Man kann ja ein Auto als Rentner-Paar abschaffen.

Ja, vielleicht kann man das – aber ob Mann oder Frau das wirklich wollen?

Überlege mal, was Du Dir oben an idealem Alltag so ausgedacht hast – war alles davon kostenlos?

Wir vergessen gerne, dass wir in der Zeit, in der wir arbeiten, keine Gelegenheit haben, Geld auszugeben. In der Rente aber will diese Zeit gefüllt werden, schließlich wollen wir nicht nur im Ohrensessel am Kaminfeuer sitzen und wichtige Gedanken wälzen …

Die einzigen Kosten, die im Alter wirklich wegfallen, sind die Altersvorsorgekosten.

# ZWISCHEN TRAUM UND WIRKLICHKEIT – DAS WORSE-CASE-RECHNEN

So, jetzt sollten auf Deinem Stück Papier zwei Zahlen stehen:

- Ich höre auf zu arbeiten mit XY Jahren.
- Ich möchte in der Rentenzeit XYYYY Euro im Monat zur Verfügung haben.

Was wir bisher getan haben – und was auch das Ziel einer jeden Finanzplanung sein muss –, ist die Schaffung eines Optimal-Szenarios.

Es wird Dir klar sein, dass es genauso laufen kann, wie Du es Dir wünschst – und dass es eine genauso große Chance gibt, dass es nicht so gut läuft.

Da eine 50/50-Chance nichts ist, wovor wir die Augen verschließen können, müssen wir uns auch mit einem Worse-Case-Szenario auseinandersetzen, denn das bildet unsere untere Begrenzungslinie, die niemals unterschritten werden soll.

„Nicht so gut“ heißt für Dich, der Du Dich aufgemacht hast, dem Altersversorgungs-Monster ins Auge zu sehen, nicht dass Du Grundsicherung beantragen oder Pfandflaschen sammeln musst.

Das wäre Worst-Case und ich hoffe für jeden, der sich rechtzeitig aufgemacht hat, seine Finanzen gut in den Griff zu bekommen, dass er niemals über diese echte, bittere Altersarmut als eigene Realität nachdenken muss.

„Nicht so gut" heißt eben genau das:

Die Karriere ist nicht ganz so gelaufen wie gewünscht, die Ehe hat vielleicht nicht gehalten oder der Partner war kein finanzieller Glücksgriff. Die Immobilieninvestition hat sich nicht gerechnet, weil Du 7-mal Pech mit Mietnomaden hattest. Die Möglichkeiten, warum es eben nicht optimal gelaufen ist, sind so vielfältig wie das Leben selbst.

Dummerweise erkennen wir es immer erst in der Rückschau.

Da es für eine Rückschau jetzt aber noch deutlich zu früh ist und wir nicht wissen, ob überhaupt und was schieflaufen wird, macht es keinen Sinn, sich jede mögliche Variante finanziell auszumalen.

Hier nehmen wir jetzt tatsächlich mal eine Abkürzung – aber eine, die nicht auf Deinem momentanen Einkommen, sondern darauf beruht, mit welchem Geld Du glaubst, einigermaßen gut über die Runden zu kommen, ohne unglücklich zu sein.

Also: Wenn Du Dich von heute auf morgen ein gutes Stück einschränken müsstest, mit wie viel kämst du aus?

Diese Summe nenne ich die „Essen-, Trinken-, Schlafen-Summe". Das ist das Minimum, welches Dir zur Verfügung stehen muss, damit Du ein Dach über dem Kopf hast, damit Du Dich ausgewogen ernähren kannst und damit Du Dir auch ab und an ein Glas Wein (oder welches Getränk oder welche Tätigkeit Dir einen gewissen kleinen Luxus beschert) leisten kannst.

Wenn wir ein wenig in uns hineinhorchen, haben wir in der Regel ein recht gutes Gefühl dafür, welche Summe das in etwa sein könnte.

Für den einen sind das 900,- Euro, für den nächsten 1.200,- oder 1.500,- Euro. Auch das ist wieder eine Summe, die nur Du selbst festlegen kannst.

Orientiere Dich nicht daran, was als Existenzminimum staatlicherseits festgelegt ist, und wundere Dich auch nicht über jemanden, für den 3.000,- Euro das absolute Minimum sind – jeder Mensch empfindet „nicht unglücklich sein" vollkommen anders.

Da jeder ja selbst die Vorsorge dafür treffen muss, sein individuelles Minimum zu gewährleisten, kann es für denjenigen, der auf 3000,- Euro hinarbeitet, genauso leicht oder schwer sein, wie für denjenigen, der mit 900,- Euro im Monat klarkommt.

# DER ZIELKORRIDOR

Jetzt stehen 3 Zahlen auf dem Plan, die miteinander in Beziehung stehen. Klar wollen wir, wenn wir aufhören, aktiv Geld zu verdienen, am besten bei dem großen Einkommen landen. Weniger gern wollen wir bei der kleineren Zahl rauskommen – wenn es aber so kommt, so ist das eben auch okay. Nicht prickelnd, nicht wunderbar, aber okay.

Das ist also der Zielkorridor, in dem wir uns bewegen werden.

Jede Planung, deren Ergebnis unter der unteren Benchmark herauskommt, ist mangelhaft und bedarf sofortiger Justierung, alles was sogar oberhalb der oberen Begrenzungslinie herauskommt, ist zusätzlicher Luxus.

# EINE FINANZIELLE LEBENSGESCHICHTE TEIL I

## DARF ICH VORSTELLEN: GLORIA OPTIMISTA!

Da ich ja nicht weiß, wer genau Du bist, möchte ich Dir ein (nicht ganz so alltägliches) Beispiel geben, wie sich so ein Finanzplan nach und nach entwickelt und welche Schlussfolgerungen sich daraus ziehen lassen können.

**Stell Dir Gloria vor.**

Gloria ist eine 1,80 m große hübsche Brünette mit beneidenswerter Kleidergröße 38 (an die Männer, die sich mit Damengrößen nicht wirklich gut auskennen: Sie ist ziemlich schlank) und einem sehr robusten, eher sonnigen Gemüt.

Gloria hatte sich bisher noch nie großartig mit ihrer Altersvorsorge beschäftigt.

Seit ihrer Feier zum 35. Geburtstag ist das aber alles anders. Denn in der üblichen „Wir stehen in der Küche und haben dort die besten Gespräche"-Runde kam das Thema sehr eindringlich zur Sprache:

Simone, die Bankerin und Claude, der Versicherungsmakler haben sich fast den Mund fusselig geredet, um ihr und den anderen klar zu machen, dass 35 ein guter Zeitpunkt ist, sich um solche Sachen wie Rente, Pflege, Vermögen – ach, Finanzkram allgemein! – zu kümmern.

Sie haben sich gegenseitig mit Schauergeschichten von ihren alten Kunden, die in der Rente Pfandflaschen sammeln oder bei McDonalds Pommes frittieren müssen, übertrumpft ... Solange, bis Simone die Rotweinflasche leer hatte und sie keiner mehr so gut verstand.

Gloria aber hat zugehört und irgendwie hat es dabei „Klick" gemacht. Ja, es ist Zeit, sich mit ihrem Finanzkram zu beschäftigen – Flaschen sammeln oder unglücklich sein ist nun wirklich nichts, was sie sich für ihre Zukunft vorstellen möchte. Also hat sie gleich am nächsten Tag angefangen, sich im Internet einzulesen, sogar ein Finanztest-Heft hat sie sich gekauft. Im Gespräch mit Claude hat sie ganz viel über private Rentenversicherungen gelernt und sie hat sich mit Simone getroffen, die ihr im nüchternen Zustand gut erklären konnte, was es mit der gesetzlichen Rente auf sich hat und wie Banken so eine Altersvorsorgeberatung aufziehen.

Theoretisch ist sie wissensmäßig jetzt also deutlich schlauer als vorher, aber es fühlt sich überhaupt nicht so an: Irgendwie hat sie jetzt unzählige Mosaiksteine in der Hand – und sie hat keine Ahnung, wie sie die in einem für sie stimmigen Gesamtbild zusammensetzen soll.

Sie hat aus allen möglichen Quellen alle möglichen Informationen zusammengetragen, weiß aber nicht so recht, was davon in welcher Weise für sie relevant ist, was auf welche Weise voneinander abhängt oder wie sich einzelne Sachverhalte einander ausschließen.

Zusammengefasst betrachtet gibt es keinen großen Kontext für **ihr** Leben, es gibt keinen „großen Plan".

Außerdem ist sie durch die verschiedenen Berechnungen und Ratschläge der Profis verwirrt und fühlt sich eingeengt: Soll sie denn jetzt jedes Mal, wenn sie eine neue Idee für ihr Leben ausheckt, nochmal zum Berater (und wenn, dann zu welchem?) laufen und sich das ausrechnen lassen?

Wie ist das denn, wenn sie mit 65 aufhören will, als Verwaltungsassistentin zu arbeiten, statt mit 67? Und wenn sie sich doch noch selbstständig macht? Oder ab 50 die Arbeitszeit reduzieren will?

Es hilft nichts, Gloria will selbst rechnen können, was, wann, wie und welche Auswirkungen auf ihre Finanzen und ihre Altersversorgung hat. Nur dann fühlt sie sich in der Lage, gut entscheiden zu können, welche Produkte sie von Claude, Simone oder auch online kaufen will.

Gloria fängt also an, sich zu überlegen, bis wann sie – Stand heute – ihren 9-to-5-Job als Verwaltungsassistentin im öffentlichen Dienst machen möchte. Sie ist eigentlich ganz zufrieden in dem Beruf und hat sich ganz gut eingerichtet, aber, wenn sie ehrlich zu sich selbst ist: ohne ihren Nebenjob – sie arbeitet jeden Freitag als Go-go-Tänzerin in einem Nachtclub – wäre ihr das alles schon ein wenig langweilig.

Nun, wenn sie bis zur Rente auch den Tanzjob so weitermachen könnte, ja – das könnte sie sich gut vorstellen.

Aber im Ernst: Hat man schon mal eine 60-jährige Gogo-Tänzerin gesehen?

Nein, das wird wohl nicht wirklich gehen. Vielleicht geht es noch bis 42/43 gut – aber dann? Vielleicht wäre es dann Zeit, sich etwas anderes zu suchen, um ihr Rampensau-Gen und ihre Tanzfreude auszuleben? Und dann wird es auch eng im normalen Beruf, denn dann fehlt vielleicht der Ausgleich?

Sie überlegt ein wenig hin und her und beschließt dann, jetzt erst einmal ein dickes „Ich gehe mit 60 in Rente!" auf den Zettel zu schreiben, auf dem ihr Finanzplan entstehen soll.

Mal sehen, vielleicht geht das alles ja gar nicht so auf und vielleicht entscheidet sie sich später ganz anders, dann rechnet sie es eben schnell nochmal neu.

Jetzt geht es ja erst einmal darum, ein Gefühl für ihre Zahlen zu bekommen und eine Ahnung davon, welche Auswirkungen die verschiedenen Entscheidungen, die auf sie zukommen, auf ihr Leben und aufeinander haben werden: Irgendwie hängt ja alles zusammen.

Gut, dann die nächste Zahl: Wie wird das Leben mit 60 denn sein?

Gloria schenkt sich ein Glas Wein ein und überlegt: Eine 4-Zimmer-Wohnung am Rand von Hamburg wäre schön. Das ist zwar eigentlich ein Zimmer zu viel – aber man weiß ja nicht. Vielleicht gibt es bis dahin einen festen Partner oder eine feste Partnerin in ihrem Leben (der letzte war ein Fehlgriff, so was passiert ihr nicht noch mal!), dann braucht sie ein eigenes Zimmer, ein Rückzugsort muss schon sein. Oder, wenn nicht – ein Gästezimmer wäre schön. Ja, 4 Zimmer sind schon richtig, da bleibt es bei.

Und dann? Was mache ich denn den ganzen Tag? „Ausschlafen!“, denkt Gloria. Ausschlafen ist für sie ein Riesenthema – denn sie ist eigentlich eine Nachteule, muss aber jeden Morgen um 8 Uhr im Büro sein.

Also gut, schlafen bis 10, dann Frühstück. Ein richtiges Frühstück, nicht wie jetzt, ein Kaffee im Bad, während sie sich für die Arbeit zurechtmacht.

Und wenn die Zeit schon mal da ist: Einmal die Woche so ein echtes Freundinnen-Frühstück mit Simone im Café Paris in der Hamburger City wäre klasse. So richtig mit einem Glas Prosecco und Œufs Benedict oder irgendeiner anderen Köstlichkeit, die da so auf der Karte steht. Ja, das kommt auf den Plan, das gefällt ihr!

Und dann, was macht sie sonst noch mit ihrer Zeit? Lesen! Lesen ist toll, Gloria liebt Bücher. Und sie will endlich ein Theater-Abonnement abschließen und Sport muss ja auch weiterhin sein, schließlich will sie auch körperlich fit bleiben.

Außerdem Kochen. Das ist auch so was, was sie immer schon gerne gemacht hat, aber die Zeit war immer so knapp. Also: Mindestens alle zwei Wochen Kochen mit Freunden – auch das kommt auf das Programm. Vielleicht auch mal ein Kochkurs – und ab und zu mal zu einem Sternekoch essen gehen, damit man sich Anregungen holen kann.

Dann noch Urlaub. Das ist auch immer zu kurz gekommen während der Arbeit. Einmal im Jahr Las Vegas musste ja immer sein, sie musste ja auf dem Laufenden bleiben, was so in den großen Tanzshows geboten ist. Auch das ist ein Grund, warum sie als Go-go-Girl immer noch so beliebt ist … Aber sie möchte unbedingt mal nach Asien und auch Afrika reizt sie sehr.

So langsam füllt sich also Glorias Liste. Sie überlegt sich, wie viel so ein Leben heute so kosten würde. Am Ende sieht die Rechnung so aus:

| | |
|---|---|
| Miete + NK gesamt: | 1.300,- |
| Essen und Trinken (zuhause): | 300,- |
| Essen und Trinken (draußen): | 300,- |
| Reisen (auf den Monat runtergerechnet): | 500,- |
| Freizeit + Sport | 120,- |
| ÖVV, Kleider, Bücher, Friseur und Co.: | 260,- |
| Versicherungen (Hausrat, Haftpflicht, Reise und Krankenzusatz): | 190,- |
| **Zusammen:** | **2970,- €** |

**WOW!** denkt Gloria. Das ist aber eine ganz schöne Hausnummer. Fast genauso viel, wie sie jetzt verdient. Und Steuern sind da auch noch keine bezahlt.

Das mit den Steuern ist Gloria gut in Erinnerung geblieben, darüber hatte Claude sich nämlich aufgeregt: „Stell Dir vor, alle Einkünfte, die Du im Alter hast, musst Du auch noch versteuern! Das haben die sich damals mit der Agenda 2010 ausgedacht, da wurde die sogenannte nachgelagerte Besteuerung eingeführt: Im Gegenzug dazu, dass

Du während der Einzahlphase Deiner Rentenprodukte das verdiente Geld, das Du dort einzahlst, nicht oder nur zum Teil versteuern musst, zahlst Du eben Steuern, wenn diese Renten dann im Alter ausgezahlt werden.

Die Idee dahinter ist, dass Du mehr Geld von Deinem Bruttogehalt zum Vorsorgen übrig hast und dieses Geld dann eine entsprechend höhere Rente produziert. Von der kannst Du dann später gut diese „aufgeschobenen Steuern" zahlen. Außerdem hast Du ja insgesamt im Alter sowieso weniger Einkünfte, demzufolge rutschst Du in eine andere Steuerprogression und zahlst dann einen niedrigeren Steuersatz.

Theoretisch also ein Win-Win auf allen Seiten – praktisch ist es aber ein Schuss ins Knie, weil es den Menschen bis heute nicht so richtig bewusst ist, dass auf all ihren Renteninfos immer nur Bruttobeträge draufstehen. Sie nehmen diese Zahlen für bare Münze, anstatt einzukalkulieren, dass davon nochmal 14 oder 22 oder gar 31 % – je nach persönlichem Steuersatz – abgehen. Noch dazu hat sich die Krankenversicherung an diese Regelung auch noch mit drangehängt – Du zahlst also von Deiner Rente auch noch einen Teil Kranken- und Pflegeversicherung.

Herzlichen Glückwunsch – wir können ja alle so wunderbar in die Zukunft schauen! Wir wissen ja gar nicht, wie sich das ganze System und die abzuführenden Prozentsätze entwickeln, bis wir soweit sind!

Diese Unwägbarkeiten machen es natürlich schwierig, sauber zu kalkulieren. Deshalb empfehle ich Dir und all meinen Kunden, auf Deine Netto-Wunschrente noch 25 % aufzuschlagen, damit Du halbwegs auf der sicheren

Seite bist: Musst Du dann doch noch mehr Abgaben zahlen, ist es zwar nicht schön, bricht Dir aber nicht das Genick. Falls es wider Erwarten weniger ist, umso besser, dann hast Du noch mehr fürs gute Leben übrig."

So ein Mist, denkt Gloria und seufzt. „Also, schlag ich da eben noch ein Viertel auf: 2.970 durch 4 macht 742,50 Euro, die kommen on top. Ich brauche also gut 3.700,- Euro."

Uff! Jetzt braucht sie eine Pause, das muss erst mal sacken.

Auf dem Weg ins Fitnessstudio überlegt sich Gloria, wie das eigentlich ihr Freund Michael machen soll.

Michael ist ihr Friseur, sie haben sich über die Jahre besser kennengelernt, diese ewige Rumsitzerei beim Wickeln, Färben und Strähnchen ziehen hat ihnen genug Zeit für ausgiebige Gespräche verschafft. Und da Gloria noch nie verstanden hat, warum man eigentlich nicht über Geld reden sollte, haben sie auch schon oft darüber gesprochen, wie er so rumkommt … man weiß ja, dass Friseure nicht so viel verdienen, es sei denn sie sind absolute Stars in ihrem Job und heißen z. B. Udo Walz.

Michael hat netto so um die 1.600,- Euro und lebt mit seinem Mann und Sohn in einer 3-Zimmer-Wohnung am Stadtrand. Zum Glück verdient Robert, sein Partner, als Busfahrer ein gutes Stück mehr, aber es ist trotzdem nicht gerade luxuriös, wenn Gloria das so mit ihrem Leben vergleicht. Aber die zwei haben auch einen anderen Lebensstil. Und seit sie Johnny adoptiert haben, sind sie auch viel gesetzter geworden: Urlaub in Holland, keine ausschweifenden Discoabende mehr und überhaupt, „bewusstes Konsumieren“ haben sie schon fast zum Lebensstil erhoben.

Sie überlegt so herum, wie viel Michael wohl später zum Leben brauchen könnte, da muss man ja nochmal ganz anders denken, denn die sind ja zu zweit. Die bleiben nämlich bestimmt zusammen – Gloria kann sich überhaupt nicht vorstellen, dass die beiden mal etwas anderes trennen könnte als der Tod, so glücklich, wie die miteinander sind.

Also gut, denkt sie, die 3-Zimmer-Wohnung muss bleiben, selbst wenn Söhnchen John später mal ausgezogen ist. Außerdem träumen sie davon, mit dem Camper durch Europa zu reisen. Bis zur Rente haben sie sich das Ding mit Sicherheit zusammengespart, Michael erwähnte bei ihrem letzten Treffen, dass sie die Hälfte schon auf dem Tagesgeldkonto liegen haben. Sie essen sehr bewusst. Alles bio. Aber sie schreiben vor dem Einkaufen einen Essensplan, so dass es sich kostenmäßig wohl im Rahmen hält. Also so ganz anders als Gloria, die einkauft, auf was sie gerade Lust hat.

Gloria fabuliert weiter und kommt zu dem Schluss, dass die beiden zusammen wahrscheinlich ungefähr so viel wie sie alleine brauchen würden, um zufrieden in der Rentenzeit durchs Land zu schaukeln. Wenn es hart auf hart käme, würden vielleicht auch 3.000,- reichen – der Camper wäre dann zwar Geschichte, aber grundsätzlich kämen sie wohl damit rum bei dem genügsamen Lebensstil, den sie führen.

Auf dem Cross-Trainer grübelt Gloria weiter: „Es könnte ja auch bei mir hart auf hart kommen. Aufs Amt gehen und Grundsicherung beantragen will ich nicht, darüber will ich überhaupt nicht nachdenken. Das wäre eine Katastrophe! Wenn es so weit kommt, dann sind meine Pläne ja überhaupt nicht aufgegangen. Und dann kann ich es sowieso nicht mehr ändern und muss froh sein, dass es so ein Sozialsystem überhaupt gibt.

Aber wie ist das eigentlich, wenn ich einen genügsamen Lebensstil führen würde? Wie viel brauchte ich eigentlich, um zu essen, trinken und ein Dach über dem Kopf zu haben? Das Ganze zwar, ohne ständig Angebotsblättchen durchschauen zu müssen, wo es die Kartoffeln gerade am günstigsten gibt, aber trotzdem weit von dem Betrag entfernt, den ich mir vorhin für mein „Ich-tue-was-ich-will-Traumrentenleben" ausgerechnet habe?

So langsam reift in ihr eine Zahl heran … 1.500,-! Ja, 1.500,- Euro netto würden gehen. Mit einer kleineren Wohnung, streng reglementiertem Urlaub, sorgfältigerem Konsumieren (sie muss unbedingt mal Michael fragen, wie genau die das machen!), einem Büchereiausweis und eben nur 2 oder 3 Theaterbesuchen im Jahr und einmal im Monat Frühstück mit Simone könnte das hinkommen.

Es wäre zwar nicht so prickelnd wie ihr Ursprungsplan, aber ja, gehen würde das. Müsste man sich eben noch zusätzlich ein paar Beschäftigungen suchen, die nicht so kostenintensiv sind, aber sie würde ihren Tag schon schön rumbringen, ohne dem Geld hinterherrennen zu müssen und unzufrieden zu sein…

Ach Mist, der obligatorischen 25 %-Zuschlag für die Steuer und die Krankenversicherung muss ja noch dazu gerechnet werden. „Also gut, meine Mindestrente muss bei 1.875,-, sagen wir 1.900,-, Euro liegen, das muss aber dann auch wirklich sicher da sein!“, beschließt Gloria.

# FINANZPLANRECHNEN II
# INFLATION IST NICHTS, WAS NUR IN DER ZEITUNG STEHT

## BEVOR ES BESSER WERDEN KANN, MUSS ES ERST NOCH SCHLIMMER WERDEN: DAS SCHRECKGESPENST „INFLATION"

Während Gloria weiter vor sich hin schwitzt, schauen wir uns jetzt die Inflation an. Die Angst vor dem Verlust der Kaufkraft unseres Geldes sitzt gerade uns Deutschen schwer in den Knochen – was uns aber nicht daran hindert, sie großzügig zu vergessen, wenn wir über unsere Renten nachdenken.

Irgendwas, was so diffus ist und von dem wir meinen, es überhaupt nicht beeinflussen zu können, rechnen wir, wenn überhaupt, nur als statistische Größe mit ein – und dann meistens auch nur, wenn uns so Leute wie Claude oder Simone darauf hinweisen.

Ich möchte Dir einen persönlicheren Zugang zur Inflation schaffen, auf dass Du für Dich selbst beschließen kannst, was Du für Dich als Maß Deiner Dinge und für Dein Leben anerkennen willst.

**Inflation also.**

Wir kennen sie alle aus den Zeitungen und aus den Nachrichten. In schöner Regelmäßigkeit wird von einem Anstieg von 0,2 % oder einer Senkung von 0,1 % im Vergleich zum Vorjahreszeitraum berichtet.

Wir wissen vielleicht auch noch, dass eine Inflation von um die 2 % okay ist und alles darüber den Volkswirtschaftlern Sorge macht. Inflationsraten von 5 - 8 % allerdings, wie sie in Krisenzeiten durchaus mal auftreten können, sind nur dann ernsthaftes volkswirtschaftliches Problem, wenn sie sich durch zu stark steigende Löhne verfestigen können und zu einem Dauerphänomen werden, welches unweigerlich in eine Rezession führt.

Außerdem ist vielleicht auch bekannt, dass Deflation, als Gegenteil der Inflation, das Schlimmste überhaupt ist.

Diese Berichterstattung ist für unser persönliches Leben ähnlich relevant, wie der Anstieg oder der Abfall der Arbeitslosenquote – wir wissen, dass eine hohe Arbeitslosenquote schlecht für unsere Wirtschaft ist und eine niedrige gut. Wir wissen ebenfalls, dass hinter jedem Arbeitslosen ein menschliches Schicksal steckt, und bedauern das wahrscheinlich auch – aber solange wir oder unser engeres Umfeld nicht persönlich davon betroffen sind, ist es eben nur eine Nachricht. Nicht mehr, aber auch nicht weniger.

Diese Dissoziation von Nachrichten ist notwendig, damit wir überhaupt in der Lage sind, unser Tagwerk zu vollbringen und unser Leben zu leben. Wenn wir nämlich jeden Tag alle Nachrichten ernsthaft an uns heranlassen würden, wären wir nur noch damit beschäftigt, in

Resignation zu versinken oder die Welt retten zu wollen. Das Erfassen von Nachrichten als abstrakte Information ist also reiner Selbstschutz unseres Gehirns, kein Anzeichen von Verrohung oder Desinteresse.

Im Fall der Inflation aber ist dieser Selbstschutz kontraproduktiv, denn sie hat sehr wohl mit uns persönlich zu tun, ganz direkt und mitten ins Gesicht.

Statt also zu schauen, was das Statistische Bundesamt in Wiesbaden uns in schöner Regelmäßigkeit mitteilt, berechnen wir uns unsere persönliche Inflation lieber selbst.

# WIE MAN EINE PERSÖNLICHE INFLATION BERECHNET

Es gibt mehrere Ansätze, sich seiner eigenen persönlichen Inflation anzunähern.

Der wissenschaftlichste Ansatz wäre, über Jahre hinweg ein Haushaltsbuch geführt zu haben und hier ganz sauber herauszurechnen, wann Du wie viel von was gekauft hast und wie sich die Preise dieser Waren im Laufe der Zeit verändert haben. Der Abstand dieser Preise wiederum aufs Jahr umgerechnet ergäbe dann die Teuerungsrate der einzelnen Produkte, aus der Du dann wiederum eine Inflationsrate für Deinen persönlichen Warenkorb ausrechnen könntest.

Schon beim Schreiben dieser Zeilen wird mir schwindelig und ich bin mir sicher, dass es Dir beim Lesen genauso geht.

Also werden wir einen weniger wissenschaftlichen, dafür aber deutlich pragmatischeren Ansatz wählen.

Schreibe Dir eine Liste von mindestens 20, höchstens aber 50 Dingen oder Waren heraus, die in Deinem Erwachsenenleben, solange Du zurückdenken kannst, eine Rolle spielen.

Das geht los bei Deiner Lieblingspizza, über Deinen Friseurbesuch, Deine Schuhe, Dein Brot, Dein Auto (so denn Du eines fährst), Deinen Urlaub, Dein Lieblingsschokoriegel, Dein Handy, Deine Miete, Deine Lieblingsjeans und Dein Fahrrad bis zu Deinem Vereinsbeitrag für den Tontaubenschießverein … was auch immer in Deinem Leben eine Rolle spielt.

Im Anschluss schreibst Du Dir auf diese Liste dazu, was „früher" der Preis für diese Dinge war, also zum Beispiel: „Der erste Urlaub, den ich selbst bezahlt habe – das war 1995 –, kostete mich 1.300 Mark und war 2 Wochen Mallorca. Heute fliege ich lieber auf die Seychellen, das hat mich letztes Jahr 3.000,- Euro für zwei Wochen gekostet."

Auf der Liste steht also jetzt:
Urlaub 1995 -> 1.300,- Mark = 650,- Euro / 2018 = 3.000,- Euro, Jahresabstand 23 Jahre
Und weiter:
Lieblingspizza 1993: 8 Mark = 4,- Euro / 2019: 11,- Euro, Jahresabstand 26 Jahre

Und so weiter…

Bei Dingen, bei denen Du Dich absolut nicht mehr an frühere Preise erinnern kannst, frage Deine Freunde, Eltern oder Onkel Google.

Wenn Du Dir jetzt die berechtigte Frage stellst:

„Moment mal, ich vergleiche hier ja Äpfel mit Birnen! Mein Mallorca-Urlaub früher war doch mit Freunden in einem kleinen 2-Sterne-Jugendhotel – und dieses Jahr waren wir zu zweit auf den Seychellen. Das ist doch eine ganz andere Art, Urlaub zu machen!", so hast Du absolut recht. Ich frage Dich: „Möchtest Du heute noch so Urlaub machen wie damals in Mallorca? Stellst Du Dir vor, jemals wieder so Urlaub zu machen wie damals in Mallorca?" (Selbst wenn es ein unvergessliches Erlebnis war, Du willst bestimmt nicht mehr zurück in eine 2-Sterne-Jugendherberge mit Gemeinschaftsbad, oder?)

Ja, wir vergleichen Äpfel mit Birnen – und zwar, weil Du selbst der Apfel bist, aus dem mittlerweile eine Birne geworden ist.

Man kann diesen persönlichen Vergleich auch Lifestyle-Inflation nennen. Wenn für Dich das Wort Lifestyle nicht negativ besetzt ist, so kannst Du ihn gerne übernehmen, denn genau darum geht es im Prinzip: Dein Lebensstil hat sich im Laufe des Lebens verändert, und zwar in der Regel nach oben, nicht nach unten. Das ist, was man unter „persönlicher" Inflation versteht!

# INFLATION BERECHNEN

Wenn Deine Liste dann vollständig ist, geht es ans Rechnen: Für jeden einzelnen Wert rechnest Du nämlich jetzt die Teuerungsrate aus.

**Zum Rechnen gibt es drei Wege:**

1. Entweder ganz oldschool mit Formel, Stift und ganz normalem Taschenrechner.

Da es uns hier aber nicht um die Mathematik, sondern um das Leben, welches in ihr steckt, geht, ist es nicht der Weg, den ich Dir vorschlagen will. Der Vollständigkeit halber habe ich Dir die Formel aber trotzdem mal rausgesucht:

$$p = 100 \cdot \left( \sqrt[n]{\frac{K_{\text{VERZINST}}}{K_{\text{ANFANG}}}} - 1 \right)$$

2. Der praktischste Weg ist das Einsetzen der Zahlen in den kleinen mathematischen Taschenrechner, den ich auch in der Finanzbildung online verwende. Die Bezugsquelle für diesen Taschenrechner oder alternativ für die kostenlose App findest Du im Anhang.

Selbstverständlich funktioniert das auch mit jedem anderen handelsüblichen finanzmathematischen Taschenrechner – da Du aber wahrscheinlich kein Finanzprofi bist, nehme ich nicht an, dass Du die locker über 70 Euro, die so ein Teil kostet, ausgeben möchtest.

3. Wir machen es uns ganz einfach und nutzen den Zauber des freien Internets mit seinen tollen Services.

Den besten kostenlosen Service, den ich kenne, findest Du auf www.zinsen-berechnen.de.

Hier gibt es sogar einen Inflationsrechner*, den Du unter dem Oberpunkt „Zahlungsverkehr“ ganz rechts findest, ich möchte Dir aber vorschlagen, die Funktion „**Sparrechner**“ auszuwählen, weil sie uns ab jetzt ständig begleiten wird: Diese Funktion liefert uns fast alles, was wir für unseren Finanzplan brauchen.

(***Hinweis:** Die Bedienung ist denkbar einfach: Unter Ursprungsbetrag gibst Du den Preis Deiner Lieblingspizza damals ein, dann klickst Du rechts den Punkt „Inflationsrate berechnen“ an.

Als Zeitraum gibst Du die Differenz der Jahre zwischen damals und heute ein und unter „zukünftiger Preis“ kommt, was Dich die Pizza heute kostet.

Wenn du jetzt auf „Berechnen“ klickst, spuckt Dir das Tool automatisch Deine persönliche Pizza-Inflation aus, die Du dann in Deine Liste eintragen kannst.)

Du findest die Funktion links unter „Anlegen und Sparen“, dann in der Mitte der obersten Zeile.

- Bei diesem Sparrechner gibst Du als Anfangskapital den Preis Deiner Lieblingspizza ein.
- Die Rate ist 0.
- Als Ansparzeit / Laufzeit trägst Du die Differenz der Jahre zwischen damals und heute ein.
- Und als Endkapital den Preis, den deine Pizza heute kostet.
- Außerdem stellst Du in der linken Spalte ein, dass Du gerne den Zinssatz berechnen möchtest.

Am Beispiel von Glorias Lieblingspizza – nämlich Meeresfrüchte (Wer isst denn so was??) – sieht das dann so aus:

- Pizza 1995 (damals noch in der Dorfpizzeria, die teuerste auf der Karte): 11 Mark, also 5,50 Euro
- Pizza 2019 (bei Luciano, der Edelitaliener an der Ecke): 14,- Euro
- Von 1995 bis heute sind es 24 Jahre.

Im Sparrechner gibt Gloria das folgendermaßen ein:

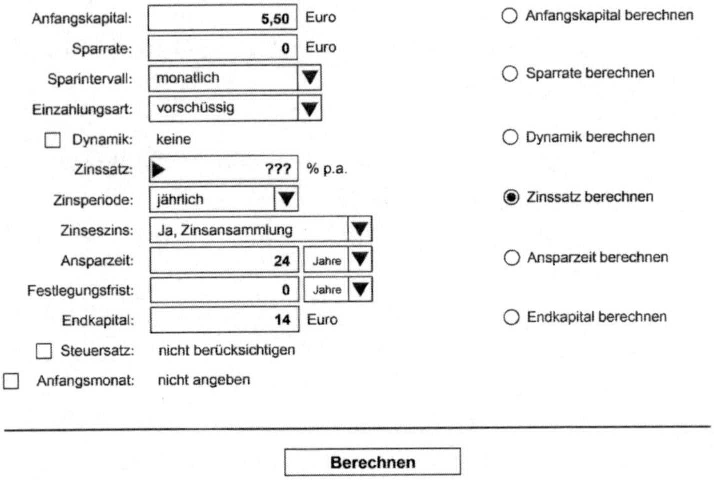


Beim Klick auf „Berechnen" spuckt Dir der Rechner das Ergebnis aus, nämlich 3,97 %.

Genauso arbeitest Du Dich jetzt durch Deine Liste und setzt hinter alle Deine persönlichen Dinge, die Dein Leben lebenswert machen, die jeweiligen Teuerungsraten.

Übrigens: Es kann natürlich auch vorkommen, dass einige Deiner Konsumartikel billiger geworden sind und deshalb eine negative Teuerungsrate beim Rechnen rauskommt. So etwas passiert besonders gerne im elektronischen Bereich oder wenn Du Dich beim Reisen vom Jetsetter zum Camper entwickelt hast. Das ist vollkommen in Ordnung so, schreib es einfach so auf, wie es ist.

Am Ende brauchen wir natürlich eine einzelne Zahl, mit der Du rechnen kannst, keine 20 oder gar 50 Zahlen.

Auch hier gibt es jetzt zwei Wege, wie Du diese eine – Deine – persönliche Inflationszahl findest:

*Variante 1:*
Streiche den höchsten und den niedrigsten Inflationswert weg und berechne aus den anderen Zahlen den Durchschnitt.

Also einfach alle übriggebliebenen Teuerungsraten zusammenrechnen und durch 18 teilen (oder wie viele Dinge Du eben aufgeschrieben hast, abzüglich zwei). Diese Durchschnittszahl ist Deine persönliche Inflation – bis auf weiteres.

*Variante 2:*
Du sortierst Dich ein. „Einsortieren" liest sich jetzt natürlich schwammig – aber ich bitte dich an dieser Stelle, ruhig ein wenig Vertrauen in Dich selbst und in Deine nun wachsende Geld-Intuition zu haben.

Du wirst diese Inflationsberechnung im Laufe Deines zukünftigen Lebens noch oft anstellen (spätestens alle zwei Jahre) und sie wird sich immer weiter verfeinern. Wichtig ist jetzt für dieses erste Mal, dass Du feststellen wirst, dass Deine Inflationsraten sehr wenig mit den 2 %, die uns als Volkswirtschaft immer im Ohr klingen, zu tun haben.

Bist Du ein junger Mensch, so wird Deine Inflationsrate eher um die 6 % liegen, bist Du bereits etwas älter, beruflich gefestigt und hast Dich in einem gewissen Lebensstil eingerichtet, so justiert sie sich nach unten bis so um die 3,5 % als niedrigstem Wert.

Ganz sicher ist: Zwei Prozent werden nicht herauskommen, das habe ich in den ganzen 12 Jahren, in denen ich schon persönliche Inflationen berechne, noch nicht erlebt.

Also, sortiere Dich ein und behalte im Hinterkopf, dass dies eine Stellschraube ist, die Du über die Wahl Deiner Produkte und Deines Lebensstils maßgeblich mitbeeinflussen kannst.

Übrigens: Falls sich in 2, 6 oder 8 Jahren herausstellen sollte, dass Du Deine persönliche Inflation zu hoch angesetzt hast und sie in Wirklichkeit etwas geringer ist, so hast Du Dir nur einen Gefallen getan.

Wenn Du nämlich auf eine höhere Inflation hin vorsorgst, so hast Du mehr Geld zurückgelegt, als zu diesem Zeitpunkt notwendig gewesen wäre – d. h. Du hast tatsächlich „zu viel“ gespart. Das kann nicht schädlich sein, Du wirst sicher wissen, wie Du dieses Geld verwenden willst …

# ZEIT FRISST GELD – SO VIEL BRAUCHST DU WIRKLICH

Jetzt hast Du alle Zahlen, mit denen Du ausrechnen kannst, wie viel Geld Du in der Rente wirklich brauchst:

- Du weißt, wie viele Jahre Du noch Geld verdienen willst.
- Du weißt, wie viel Du – Stand heute – sehr gerne hättest, damit Du komplett das Leben im Alter führen kannst, wie Du es Dir vorstellst.
- Du weißt, wie viel Du – Stand heute – mindestens brauchst, damit es Dir soweit gut geht.
- Du kennst deine persönliche Inflation.

Also rechnen wir jetzt aus, welche Summe an Geld Du tatsächlich in 15, 25 oder 35 Jahren brauchst.

Bevor wir das tun, möchte ich Dich warnen: Du wirst von dem Ergebnis entsetzt sein.

Die Inflation erschreckt jeden, unser Gehirn kann nicht anders. Genauso, wie wir zahlenmäßig nicht „nach vorne" denken können (Zinseszinsen lassen sich nicht schätzen, sie lassen sich nur rechnen), können wir auch nicht verhindern, dass wir eine große Zahl der Zukunft mit ihrer Bedeutung, die sie heute für uns hat, bewerten.

Bevor Du also gleich auf „Berechnen“ drückst, wappne dich und sage Dir, dass in der Summe, die als Ergebnis herauskommen wird, nichts anderes drin steckt, als die kleine Zahl, die Du vorher eingegeben hast. Es hat sich nichts verändert.

Bereit?

Wir rechnen wieder mit dem Sparrechner von www.zinsen-berechnen.de.

- Als Anfangskapital gibst Du Deine große Wunschrente ein.
- Die Sparrate bleibt bei 0.
- Den Zinssatz haben wir jetzt – es ist Deine persönliche Inflation.
- Die Ansparzeit ist die Zeit, die Dir bis zur Rente bleibt. In der linken Spalte wählst Du aus, dass Du das Endkapital berechnen willst.

# GLORIA RECHNET – OPTIMISTISCH

Gloria hat sich ihre Liste zusammengestellt und ihre einzelnen Teuerungsraten berechnet. Weil sie ja doch ein sorgfältiger Mensch ist und wissen wollte, ob die beiden Werte voneinander abweichen, hat sie sich zuerst bei einer Inflation von 4,5 % einsortiert und dann vorsichtshalber doch noch die Durchschnittsberechnung gemacht, hier ist sie bei 4,67 % nach Variante 1 rausgekommen.

Sie beschließt, bei den 4,5 % zu bleiben.

Gloria will nun wissen:

Wie viel wird eigentlich aus meiner Wunschrente von 3.700,- in 25 Jahren, die ich noch bis zur Rente habe, wenn ich eine persönliche Inflation von 4,5 % einrechne?

Sie gibt in den Sparrechner von zinsen-berechnen.de ihre Zahlen ein:

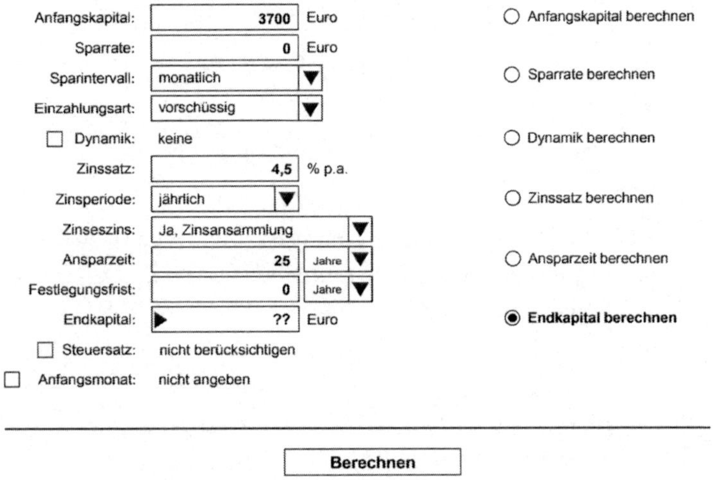


Falls Du Dir den Spaß gemacht hast, es selbst zur Probe in das Rechentool einzugeben, wirst Du jetzt genauso verdattert vorm Bildschirm sitzen wie Gloria.

11.120,11 Euro soll als monatliche Rente auf ihr Girokonto fließen. Was für ein Wahnsinn ist das denn? Das kann doch niemals funktionieren!!

Gloria besinnt sich und schaut nochmal auf ihre Liste. Doch, wenn sie genau überlegt, kann es wohl funktionieren. Sie hätte sich mit 16 Jahren auch niemals vorstellen können, für ihre Pizza jemals 28,- Mark auszugeben – und doch tut sie es heute, ohne darüber nachzudenken.

Die Entwicklung ging so langsam und sukzessive, dass es einfach nicht aufgefallen ist.

Und natürlich, wenn sie überlegt, mit wie wenig Geld sie auch vor 10 Jahren schon fast den gleichen Lebensstil wie heute gepflegt hat – ja, sie hat ja auch dementsprechend weniger verdient.

Es geht also nicht nur um die Preise, die sie für ihren Konsum bezahlt, sie müsste sich jetzt eigentlich auch noch ihre alten Gehaltsabrechnungen raussuchen und auch hier mal vergleichen, was für eine „Lohninflation" sie für das Gehalt, welches sie bekommt, hatte. Weil eigentlich – wenn ihre Ausgaben genauso gestiegen sind wie ihre Einnahmen, hat sie denn dann überhaupt jemals tatsächlich eine Lohnerhöhung bekommen in den letzten Jahren? Oder war das vielmehr eigentlich immer nur ein Inflationsausgleich?

Gloria beschließt, diesen Gedankengang auf später zu verschieben. An zwei Baustellen herumdenken kann sie nicht, sie hält die vielbesungene Multitasking-Fähigkeit, die Frauen immer zugeschrieben wird, für vollkommenen Unsinn. „Immer eins nach dem anderen!", denkt sie und wendet sich wieder ihrem Finanzplan zu.

Gut 11.000,- monatlich sind also zu erwirtschaften. Na gut, es ist ja die Wunschrente. Wie sieht es denn mit der „Must-have-Rente" aus, wie viel Geld wird denn aus der Untergrenze von 1900,- Euro?

Schnell ist die neue Zahl eingetippt:

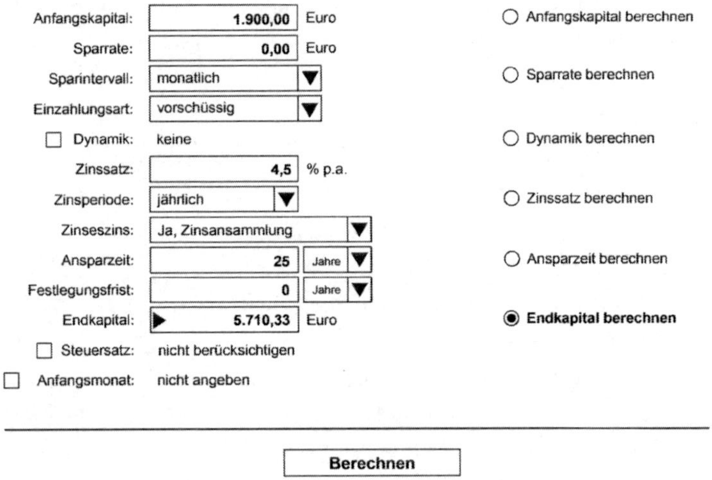

| | | | |
|---|---|---|---|
| Anfangskapital: | 1.900,00 | Euro | ○ Anfangskapital berechnen |
| Sparrate: | 0,00 | Euro | |
| Sparintervall: | monatlich | | ○ Sparrate berechnen |
| Einzahlungsart: | vorschüssig | | |
| ☐ Dynamik: | keine | | ○ Dynamik berechnen |
| Zinssatz: | 4,5 | % p.a. | |
| Zinsperiode: | jährlich | | ○ Zinssatz berechnen |
| Zinseszins: | Ja, Zinsansammlung | | |
| Ansparzeit: | 25 | Jahre | ○ Ansparzeit berechnen |
| Festlegungsfrist: | 0 | Jahre | |
| Endkapital: | 5.710,33 | Euro | ◉ **Endkapital berechnen** |
| ☐ Steuersatz: | nicht berücksichtigen | | |
| ☐ Anfangsmonat: | nicht angeben | | |

**Berechnen**

5.700,- Euro!

Gloria atmet auf. 5.700,- Euro ist zwar immer noch eine Menge Geld, aber das scheint erreichbar und lange nicht so utopisch.

Sie ist ja schließlich gesetzlich rentenversichert. Und diese eine private Rentenversicherung hat sie ja auch noch, da stand bei der letzten Abrechnung ja auch drauf, dass sie einige hundert Euro Rente zu erwarten hätte.

Zum Glück hat sie ja das meiste Geld aus dem Freitagsjob zur Seite gelegt – vielleicht sollte sie jetzt doch mal überlegen, es auch anzulegen, wie Simone ihr schon seit Jahren predigt.

Als sie an Simone denkt, fällt ihr gerade schon wieder so ein Gespräch ein, welches sie eigentlich für sich selbst als irrelevant abgetan hatte …

Simone hatte sich vor Wochen wieder mal entsetzlich über das neue Computerprogramm aufgeregt, welches sie jetzt bei der Bank in der Kundenberatung benutzen mussten. „Stell dir vor, wir tippen einfach alle Kundenangaben in das blöde Programm ein und das Ding rechnet dann aus, welche Altersvorsorgelücke der Kunde hat. Ich habe da mal drüber gerechnet und schlimm genug, dass sie bis zur Rente nur mit einer Inflation von 2 % rechnen – sie hören danach einfach auf."

Simone wurde richtig sarkastisch, das war immer so ihre Art, mit Sachverhalten umzugehen, die sie wirklich für grundfalsch erachtete: „Hast Du schon gewusst, dass die Inflation für jeden, der in Rente geht, dann schlagartig aufhört?", ätzte sie.

Und weiter: „Es ist doch unverantwortlich, hier nicht richtig weiter zu rechnen!

Es mag ja sein, dass Du im Alter deinen Lebensstil möglicherweise nicht mehr großartig nach oben schraubst, aber dass die Preise sich dann gar nicht mehr verändern sollen, ist ja wohl Quatsch!

Und das Argument, dass die gesetzliche Rente ja schließlich jährlich angepasst wird und die Auszahlungen aus den privaten Rentenversicherungen je nach Wahl der Rentenzahlung auch steigen, greift auch nicht ganz.

Immerhin ist die gesetzliche Rente in den letzten 30 Jahren im Schnitt nur um 1,57 % jährlich gestiegen – und selbst wenn wir nur mit 2,5 % Teuerungsrate in der

Rentenzeit rechnen, heißt das doch trotzdem, dass die Rente jedes Jahr 0,93 % an Kaufkraft verliert.

Das nenne ich dann schleichende Altersarmut:

Am Anfang sieht noch alles gut aus, und nach ein paar Jahren langt das Geld dann plötzlich nicht mehr! So was muss man doch einkalkulieren und ausgleichen!

Mensch, Gloria, ich sage Dir, die Leute müssen echt lernen, ihr Geld auch außerhalb der garantierten Renten, die die Versicherungen und Co. bieten, anzulegen – und wenn es nur darum geht, die Inflation aufzufangen!“

Gloria hatte sich damals nur mäßig für Simones Nöte interessiert, aber bei „außerhalb anlegen“ wurde sie hellhörig und hat nachgefragt. Erstaunlicherweise hat sich Simone dann gerade noch mehr echauffiert – Gloria ist immer wieder bass erstaunt, wie ernst ihre Freundin ihren Beruf nimmt.

„Ja, stell Dir vor, es wird immer außen vor gelassen, dass wir nicht darum herum kommen, privat Geld anzulegen – und ich rede jetzt nicht vom Sparen, sondern davon, dass wir die Pflicht haben, mit unserem Ersparten Geld zu verdienen, also eine Rendite zu erwirtschaften.

Wir müssen doch mindestens auffangen, dass die Renten langsamer steigen als unsere Kosten.

Aber überall wird nur gejammert, dass es ja schließlich keine Zinsen mehr gibt – anstatt mal strategisch an die Sache heranzugehen und zu schauen, was für Alternativen es gibt und wie man damit umgeht.

Es macht mich wahnsinnig, dass so viel Geld auf den Tagesgeldern verrottet und täglich weniger wird, obwohl es doch später gute Dienste leisten könnte und meistens sogar dringend gebraucht wird!

Es herrscht so viel Verwirrung da draußen, das fängt ja schon bei den Begrifflichkeiten an. Wie soll ich denn mein Geld gut anlegen, wenn ich schon nicht mal den Unterschied zwischen Sparen, Geldanlegen und Spekulieren für mich klar habe?

Wenn „Aktien kaufen" für mich schon gefährlich klingt und Geldanlegen beim Sparbuch aufhört, ist es ja kein Wunder, dass so viele Leute auf irgendwelche dubiosen Finanzprodukte hereinfallen.

Dabei ist es mit ein bisschen Finanzwissen und Engagement in eigener Sache immer möglich, aus dem eigenen Gesparten mindestens die eigene Inflation, wenn nicht noch ein wenig mehr, herauszuholen – und das, ohne dabei wahnsinnig hohe Risiken einzugehen oder Sachen zu kaufen, die so komplex sind, dass sie keiner richtig versteht!"

## EXKURS:
## WILLST DU SPARER, SPEKULANT ODER INVESTOR SEIN?

*In der Welt der Geldanlage benutzen wir viele Begriffe, ohne uns jemals Gedanken darüber zu machen, wie sie voneinander abzugrenzen sind. Wir sollten sie aber abgrenzen – denn mit einer genauen Definition dessen, was wir eigentlich*

*TUN wollen, schafft uns die Sprache schon einen guten Weg dahin, wie wir unser Geld einsetzen können.*

*Allein die Tatsache, dass es so viele verschiedene Begriffe für den vermeintlich gleichen Vorgang gibt, ist schon ein guter Hinweis darauf, dass an der ganzen Geschichte deutlich mehr dran ist, als uns im Alltag auffällt.*

*Fangen wir doch beim Einfachsten an, bei der Grundvoraussetzung.*

### Sparen tun wir alle

*Sparen ist nichts anderes, als Geld ansammeln. Es sagt nichts darüber aus, was wir mit diesem Geld dann tun: Der Sparvorgang ist nichts anderes als weniger Geld auszugeben, als wir eingenommen haben. Wir können in der Keksdose sparen, unterm Kopfkissen, auf dem Sparbuch, Tagesgeld oder im selbstgegrabenen Loch in unserem Garten: Sobald wir irgendwie und irgendwo Geld sammeln, sparen wir. Allein der Vorgang dieses Sammelns ist „Sparen" – es sagt noch in keiner Art und Weise etwas darüber aus, was dieses Geld tut, derweil es irgendwo liegt und nur durch unser aktives Weitersparen mehr wird.*

*Sparen ist also die Grundvoraussetzung für alles, was danach kommt.*

### Das Ziel bestimmt die Richtung

*Wir sparen in den seltensten Fällen, ohne einen bestimmten Zweck zu erfüllen. Außer Dagobert Duck, der rein zum Selbstzweck spart und dessen Lebensaufgabe es ist, einfach nur viel Geld zu besitzen, habe ich noch niemanden gefunden, der einfach nur spart, weil er die bunten Scheinchen so schön findet.*

*Also steht vor jeder Form der Sparverwendung die Frage: Wo will ich eigentlich hin mit meinem Gesparten? Welchen Zweck soll es erfüllen?*

*Jetzt wird es schon das erste Mal richtig spannend, denn mit der Bestimmung des Ziels unseres Sparens legen wir eigentlich schon fest, in welche Richtung wir uns im Anschluss bewegen werden. Hier legen wir schon die ersten Eckpfeiler der Geldanlage fest, und zwar die Fristigkeit (Wann brauche ich das Geld?) und ein großes Stück des Risikos (Wie existenziell wichtig ist es, dieses Ziel zu erreichen?).*

*Wenn wir hier bereits den ersten sprach-gedanklichen Fehler machen, kann es sein, dass wir am Ende spekulieren, obwohl wir eigentlich Vorsorgen wollten.*

*Also schauen wir uns das näher an:*

***Sparen für den nächsten Urlaub, für die nächste Anschaffung und als Notfallpuffer***

*Das ist noch sehr einfach, denn hier ist es uns von vorneherein klar, dass das gesparte Geld keine Zeit haben wird, großartig zu wachsen und zu gedeihen.*

*Das Ziel ist klar definiert, die Laufzeit ist relativ klar umgrenzt und wir sind zufrieden, wenn das Geld summenmäßig unterwegs nicht großartig weniger wird. Am Ende ist es uns für diesen Teil des Sparens also egal, ob es unterm Kopfkissen, auf einem Geldmarkt-ETF oder auf einem Tagesgeld liegt, Hauptsache, es ist zu dem gedachten Zeitpunkt ohne Abstriche verfügbar.*

*In Zeiten, in denen es auf Sparbüchern und Tagesgeldern auch noch Zinsen auf diese Spargelder gibt, freuen wir uns zwar darüber, dass wir wenigstens ein wenig Gewinn damit machen – aber die Tatsache, dass wir auch in Niedrigzinsphasen in Kauf nehmen, dass die Inflation an der Kaufkraft dieses Geldes zehrt, zeigt sehr deutlich, dass es hier nicht darum geht, Geld anzulegen oder gar zu investieren.*

***Sparen für ein Ziel in der Zukunft***

*Wenn wir über Ziele in der Zukunft reden, kann das erst einmal alles sein: Von der Altersversorgung bis zum Hauskauf in 10 Jahren, von der Finanzierung des Studiums der Kinder bis zum geplanten Start in die Selbstständigkeit „irgendwann später".*

*Ab hier fangen wir natürlich an zu überlegen, ob das gesparte Geld nicht für uns arbeiten sollte: Wir wollen unser Geld anlegen.*

***Auf welche Art Geld arbeiten kann (Was ist denn überhaupt eine Geldanlage?)***

*Unser Geld kann auf die verschiedensten Arten für uns arbeiten, leider fassen wir diese Arten alle unter dem großen Begriff „Geldanlage" zusammen. Wo wir sonst zu viele Worte für die Dinge haben, haben wir hier ausnahmsweise mal ein Wort zu wenig, denn selbst in Wikipedia bekommen wir zwei Erklärungen für den einen Begriff (Zitat):*

***Geldanlage bezeichnet***

- Investition, die langfristige Anlage von Kapital in Sachwerten
- Finanzprodukt, eine im Finanzwesen angebotene Anlageform

*Geldanlage ist also: Alles, was am Markt in irgendeiner Weise als Finanzprodukt verfügbar ist – vom Tagesgeldkonto bis zum Knock-out-Zertifikat, vom Bausparvertrag bis zur Aktie – und Investitionen.*

*Eine unselige Begriffsvermischung ist das. So kann man uns nämlich eine Rentenversicherung (Finanzprodukt) verkaufen, obwohl wir eigentlich eine Investition tätigen wollten.*

*So kommt es auch dazu, dass wir eine einzelne Aktie kaufen, die sowohl eine Investition als auch ein Finanzprodukt ist – aber sie ist eben als Einzelstück in der privaten Geldanlage auch eine reine Spekulation.*

*Um also herauszufinden, ob wir investieren oder ein Finanzprodukt kaufen wollen, geht es wieder zurück zum Anfang: Was soll mit dem gesparten Geld erreicht werden?*

***Investitionen sind immer Geldanlagen, Finanzprodukte nicht immer***

*Es gibt eine Eselsbrücke, mit der man sich selbst ganz gut darauf überprüfen kann, ob man eine Geldanlage als eine Investition betrachten kann oder eher nicht: Überprüfe sie darauf, ob sie nur einem Hauptzweck – nämlich der Vermehrung Deines Geldes – dient oder mehreren. Hat sie mehrere Zielrichtungen, so ist es i. d. R. ein Finanzprodukt und keine Investition.*

Ein paar Beispiele:

*Ein Tagesgeld ist ein Finanzprodukt, denn der Hauptzweck ist die tägliche Verfügbarkeit, die Verzinsung (so es denn eine gibt) ist nur ein untergeordneter Nebeneffekt.*

*Ein Bausparvertrag ist ein Finanzprodukt, denn der Hauptzweck ist die Bereitstellung eines zinsgünstigen Darlehens, nicht aber die Bausparzinsen, die Du bekommst.*

*Der Zweck einer Rentenversicherung ist es, eine lebenslange Altersversorgungsleistung zu gewährleisten, nicht aber, mit Deinem Sparbeitrag eine möglichst hohe Rendite einzufahren – sie ist also ein Finanzprodukt, keine Investition.*

*Um es mal ganz deutlich zu sagen (und dir das Geldanlage-Leben ganz stark zu erleichtern): Kapitalbildende Versicherungen sind dem Grundsatz nach* ***niemals Geldanlagen im Sinne einer Investition.***

*Der Sinn und das Ziel einer solchen Versicherung ist immer Deine Versorgung beim Eintreten eines Risikofalls.*

*Wenn dieser Hauptzweck dann zufälligerweise auch noch mit einer gewissen Rendite verbunden ist, so ist das ein gern gesehener Nebeneffekt – aber es ist nicht der Grundauftrag dieses Finanzprodukts.*

*Wenn Du hier in Deiner Denke eine sprachliche Sauberkeit bewahrst, wirst Du mit Deinem gesparten Geld viel bewusstere Entscheidungen treffen und nicht versuchen, den großen Überbegriff „Geldanlage“ sowohl mit Investition als auch mit Finanzprodukten synonym zu verwenden. Damit vermeidest Du, Äpfel und Birnen in einen gemeinsamen Korb zu werfen.*

***Um zu investieren, brauchst Du Finanzprodukte, aber nicht jedes Finanzprodukt ist ein Invest.***

*Wenn wir also vom Investieren sprechen, sprechen wir davon, dass Du einen einzigen Zweck verfolgst, nämlich Dein Geld zu vermehren.*

*Als Privatanleger benutzen wir dazu – Du ahnst es sicher schon – Finanzprodukte.*

*Das Schöne an der vorher erfolgten Begriffsdefinition ist jetzt, dass uns aus der ganzen großen Finanzwelt nur noch ein paar Finanzprodukte zur Verfügung stehen, die dieses Kriterium erfüllen können: Der ganze Rattenschwanz an Kombinationsprodukten, Versicherungen und den anderen, im Produkt bereits zweckbestimmten Geldverträgen, fällt ersatzlos weg.*

***Privatanlegende Investoren brauchen sich nur zwischen 5 Geldanlagen zu entscheiden.***

Diese 5 Geldanlageformen (auch Assetklassen genannt) sind:

- Bankanlagen / Liquidität
- Immobilien
- Aktien
- Rohstoffe inkl. Edelmetalle
- Anleihen

*Da wir uns im Finanzprodukt-Universum befinden, sprechen wir jetzt also nicht davon, ob Du investierst, wenn Du eine Eigentumswohnung zum Vermieten kaufst. Selbstverständlich ist das ein Invest – aber es ist kein Finanzprodukt. Genauso wenig wie physisches Gold, welches Du im Bankschließfach lagerst oder die Beteiligung an einem Unternehmen Deines besten Freundes, an dessen kaufmännisches Genie Du glaubst.*

***Wertpapiere als einziges Mittel der Wahl***

*Alle diese Finanzprodukt-Geldanlagen sind in verbriefter Form als sogenanntes Wertpapier an den Börsen zu handeln. Du kannst entweder in ausgesuchten Einzelstücken investieren – hier aber mit der großen Gefahr, ins Spekulieren abzugleiten – oder in Form von Investmentfonds, also ganzen Körben von verschiedenen Einzeltiteln (dazu gehören auch ETFs).*

*Fonds haben im Gegensatz zur Einzeltitelauswahl den Vorteil, dass sie eine weitaus breitere Bandbreite abbilden können und damit das Gesamtverlustrisiko minimieren – für den zweckorientierten und risikobewussten Anleger dürfte das die bequemste Finanzproduktlösung sein.*

*Übrigens: Dass ein Finanzprodukt ein Invest ist, heißt nicht zwangsläufig, dass es auch ein gutes Invest ist.*

***Spekulieren oder Investieren ist eine Risikofrage***

*Selbstverständlich spekulieren alle Investoren darauf, dass ihre Geldanlagen satte Renditen einfahren – im engen Wortsinne sind also alle Geldanleger Spekulanten. Auch maßvolle Investoren wissen nicht, ob am nächsten Morgen die Sonne wieder aufgeht oder ob die Welt sich wirklich in den von ihnen angedachten wirtschaftlichen Bahnen weiterbewegt – aber sie treffen ihre Finanzproduktauswahl nach den größten Wahrscheinlichkeiten und unter Ausnutzung aller zur Verfügung stehenden Möglichkeiten.*

*Die Möglichkeiten der modernen Geldanlage sind begrenzt, aber sehr effektiv: Wir wissen, dass eine möglichst breite Streuung über alle Geldanlageformen hinweg die Wahrscheinlichkeit des Totalverlusts massiv minimiert. Wir wissen, dass mit einer hohen Gewinnerwartung auch eine hohe Verlustwahrscheinlichkeit verbunden ist. Und wir wissen, dass das Verlustrisiko steigt, umso enger und intransparenter ein Markt ist.*

*Ein Investor wägt also alle ihm bekannten Faktoren und seine Zielsetzungen gegeneinander ab und wird einen Kompromiss schließen: Natürlich will er mit seinem Geld Geld verdienen – aber er wird nicht bereit sein, dafür jeden Preis zu bezahlen.*

*Ein sich der Tatsache bewusster Spekulant dagegen nimmt einen Kapitalverlust billigend in Kauf, er weiß, dass die Wahrscheinlichkeit, viel zu gewinnen, mindestens genauso hoch ist wie die, viel zu verlieren.*

*Spekulieren an sich ist also nichts Verwerfliches – es ist eben nur riskant und der Geldanleger sollte sich dessen bewusst sein, was er tut.*

*Als „gefährlich" ist die Spekulation nur dann einzustufen, wenn sie dazu geeignet ist, den ursprünglichen Zweck unseres Sparens zu vereiteln – Du erinnerst dich, das war der Ausgangspunkt all unserer Bemühungen.*

*Um sich selbst und die eigenen Geldanlagen darauf zu prüfen, ob man sich vielleicht unbewusst und ungewollt in das Feld der Spekulanten eingereiht hat, gibt es einen einfachen Kniff:*

*Überprüfe Deine gesamten Investments darauf, ob sie über mindestens 3 der oben genannten Geldanlagen verteilt sind.*

*Wenn sie auf mindestens 3 Assets verteilt sind, überprüfe die jeweiligen Gewichtungen auf ihre Anteile: Das risikoreichste Asset sollte den kleinsten Anteil Deines Vermögens darstellen.*

*Und wenn Du jetzt noch verifizieren kannst, dass Du Dich innerhalb dieser risikogewichteten Anteile nicht nur auf einige wenige Finanzprodukte konzentriert hast – darfst Du Dich beglückwünschen, Du bist ein Investor!*

# FINANZPLANRECHNEN III STERBEN GEHÖRT ZUM LEBEN DAZU

## VON HINTEN NACH VORNE – UND WIEDER ZURÜCK

Beim Finanzplanrechnen haben wir ja so einige Unwägbarkeiten einzukalkulieren, die wir im Vorhinein nicht wissen können.

Ziel der ganzen Rechnerei ist es aber, uns möglichst sicher und breit aufzustellen. Wir wollen nicht am Ende dastehen und zurückblicken mit den Worten: „Das hätte ich eigentlich vorher wissen können!"

Wir wissen, dass es Inflation gibt – also arbeiten wir sie ein. Eher zu großzügig als zu geizig – denn am Ende kommt es uns nur zugute, sollten wir uns nach oben verschätzt haben.

Wir wissen ebenso, dass wir alt werden. Zumindest ist das das Ziel. Sollten wir vor dem Altwerden sterben, so können wir es sowieso nicht ändern, einplanen wollen wir es aber sicher nicht.

Wir wissen auch, dass wir aller Wahrscheinlichkeit nach nicht arbeiten wollen (und schon gar nicht arbeiten müssen), bis wir die Augen zu machen.

Das Ergebnis unserer nächsten Rechnung wird Dich erstaunen, denn wir werden jetzt die eine, wirklich große, Zahl berechnen, die die Summe des Geldes ausdrückt, die Du in Deinen verbleibenden Lebensjahren nach Deinem Renteneintritt noch verbrauchen wirst.

Selbstverständlich müssen wir dazu wissen, wie alt Du wirst.

Wie bitte? Woher sollst Du das denn wissen?

Du hast Recht, Du weißt es nicht. Ich weiß es für mich auch nicht. Niemand weiß es (und das ist wohl auch ganz gut so).

Das Problem ist: Wir müssen eine Zahl zugrunde legen. Wir können nicht mit „möglichst alt“ oder „ganz schön spät“ rechnen, denn das lässt sich in keinen Rechner der Welt eingeben.

Also bleibt uns wieder nichts anderes übrig, als uns einzusortieren und doppelte Netze auszulegen, die uns auffangen, sollten wir falsch liegen.

Genau dazu dient uns die Aufteilung in den „Must-have“-Vorsorgeteil:

Hier wollen wir kein bzw. möglichst wenig Risiko eingehen. Dieser Teil der Vorsorge soll stabil stehen, selbst wenn wir aus Versehen der erste Mensch werden, der seinen 121. Geburtstag feiert.

Mit dem Rest, dem „Guten Leben“ gehen wir dagegen ein Risiko ein, genau genommen sogar mehrere Risiken:

Wir tragen das Risiko, dass die Geldanlagen nicht so laufen, wie wir uns das ausgedacht haben.

Ebenso könnten wir viel älter werden als gedacht und deshalb zu wenig gespart haben.

Und wir könnten früher sterben und hätten dann umsonst gespart.

Mit diesen Unwägbarkeiten müssen wir uns abfinden, denn daran lässt sich nichts ändern.

Wenn du dich jetzt fragst, warum wir denn nicht auch das gute Leben über garantierte und versicherte Lösungen abdecken wollen, so gibt es dafür nur eine Antwort: Es ist einfach zu teuer.

Egal welche Sorte Versicherung man abschließt, sie kosten im Vergleich zur reinen Geldanlage exorbitant viel Geld. Das Absichern von Risiken kostet immer Gebühren und das ist auch vollkommen in Ordnung so. Allerdings fehlt uns dieses Gebührengeld dann auf der Anlageseite: Wir haben weniger Kapital zur Verfügung, welches uns Zinseszinsen erwirtschaften kann.

Noch dazu sind Versicherungen und Garantieprodukte eben auf Sicherheit ausgelegt: Sie erwirtschaften niemals so viel Rendite, wie es eine reine Geldanlage könnte.

Und am Ende sind auch nicht einmal Versicherungen wirklich sicher. Theoretisch können auch sie pleitegehen und auch hier können unsere Sicherungssysteme, die so etwas auffangen sollen, versagen.

# GLORIA WIRD ALT

Um rechnen zu können, wie viel Geld sie insgesamt im Alter brauchen wird, muss Gloria nun festlegen, wie alt sie wird.

Sie schaut sich also ihr Leben, ihre Familie und ihre Gesundheit an: Wie alt werden die Menschen in ihrer Familie?

Ihre Urgroßmutter mütterlicherseits wurde 92 bei bester Gesundheit, von der reden sie bei Familienfesten noch heute. Bei dem Mann weiß man es nicht genau, der ist im Krieg geblieben.

Ihr anderer Opa aber ist kurz nach Renteneintritt gestorben – so richtig weiß bis heute keiner, woran. Die Oma aber lebt noch, sie wird langsam ein wenig dement, befürchtet Gloria – aber körperlich hört man da keine Klagen außer den üblichen Zipperlein.

Ihre Eltern sind beide noch richtig fit, selbst dass sie beide rauchen, scheint bei denen nicht viel auszumachen. Von der Seite aus scheint sie einen recht guten Genpool zu haben.

Die väterliche Seite der Familie ist auch eher langlebig – obwohl, da gibt es Krebs. Oma und deren Mutter hatten wohl beide schon Brustkrebs, die Urgroßmutter ist sogar daran gestorben, damals war die Medizin ja auch noch nicht so weit.

Aber Gloria kümmert sich gut um ihren Körper: Sie geht regelmäßig zu den Vorsorgeuntersuchungen, sie macht Sport, raucht schon lange nicht mehr, hat absolut kein Übergewicht (obwohl, ein wenig mehr auf gesunde Ernährung könnte sie schon achten) und sie bemüht sich, den allgegenwärtigen Stress nicht zu sehr ihr Leben bestimmen zu lassen.

„Okay, ich werde bestimmt locker 85. Und wenn alles gut läuft, bin ich auch mit 93 einverstanden. Ich lege jetzt fest: Ich werde 93 Jahre alt und habe Spaß dabei!"

Gloria schreibt 93 auf ihren Zettel.

Da fällt ihr wieder Michael, ihr Friseur ein.

Mit dem hat sie letztens genau über Lebenserwartungen diskutiert, als er wieder einen seiner Unkensprüche losgelassen hat:

„Bei uns in der Familie werden alle nicht alt! Mein Vater ist schon tot, Herzinfarkt, da war ich 14. Meine Mutter hatte letztes Jahr einen Schlaganfall, sie hat sich zwar wieder gut aufgerafft, aber so richtig wie früher ist sie nicht mehr. Und auf der anderen Seite der Familie sieht es nicht besser aus … Was soll ich mir denn dann groß Gedanken um Altersvorsorge machen? Ich falle bestimmt mit 70 um und dann war es das!"

Gloria hat ihn heftig zusammengefaltet, denn solche Sprüche kann sie überhaupt nicht gut ab:

„Sag mal, Du redest vielleicht einen Unsinn! Du lebst doch ganz anders als Deine Eltern!

Du kümmerst Dich viel stärker um Deine Gesundheit, machst Sport und bist noch dazu richtig glücklich. Wer glücklich und zufrieden lebt, kann locker mal 10 Jahre draufschlagen! Sich deshalb nicht um die Altersvorsorge zu kümmern, wäre ja wohl extrem kurzsichtig und dumm! Und Robert willst du sicher auch nicht so früh alleine lassen, oder?! Also nein, ich bin ja vielleicht noch damit einverstanden, dass Du nicht bis 100 rechnest – aber zumindest das Alter, das Dir die Statistiken hochrechnen, wirst du ja wohl zugrunde legen können! In Deutschland werden Männer im Durchschnitt gut 80 Jahre alt, das kannst Du jederzeit googeln. Mindestens das muss schon drin sein!"

(Laut Google und Wikipedia kommt auf die Frage „Wic alt wird ein Mann im Durchschnitt in Deutschland?" die Antwort:

Männer aus Armutsrisikogruppen werden durchschnittlich 70 und Frauen 77 Jahre alt, während Männer und Frauen mit hohem und sehr hohem Einkommen fast 10 Jahre länger leben, also 81 und 85 Jahre.

Die Frage, die wir uns hier allerdings stellen müssen: Ab welcher Summe definieren wir unser eigenes Einkommen als „hoch"? Beziehungsweise: Ab wann definieren wir uns als einkommensarm und ab wann schmälert das unsere Lebensqualität so sehr, dass es sich auch auf unsere Lebenserwartung auswirkt?)

# DIE NÄCHSTE ZAHL AUF DEINEM ZETTEL – UND DER ANLAGEZINS

Es gibt im Netz neben dem Statistischen Bundesamt (www.destatis.de) oder als privater Anbieter Statista (www.statista.de) mit seinen Sterbetafeln auch das ein oder andere Tool, mit dem Du herumspielen kannst, um Dein Lebensalter – rein rechnerisch natürlich – festzulegen. Das lässt sich gut finden, wenn Du in der Suchmaschine deiner Wahl einfach „Wie alt werde ich?" oder „Lebenserwartung berechnen" eingibst.

Als Zahlenmaterial hinterlegt sind bei den seriösen Rechnern dieser Art die statistische Lebenserwartung und die jeweiligen Zu- oder Abschläge für eine gesunde oder weniger gesunde Lebensführung.

Rein statistisch betrachtet werden Männer übrigens immer weniger alt als Frauen…

Warum das so ist, ist bis heute nicht abschließend geklärt, aber es ist ein außerordentlich unterhaltsames Abendgespräch, die Gründe hierfür mal in geselliger Runde herauszufinden zu versuchen.

Wenn Du also festgelegt hast, bis zu welchem Endalter du rechnen möchtest, können wir uns dem Zinssatz zuwenden, den Du für die Rentenphase und den Geldverbrauch zugrunde legen möchtest.

Wenn du möchtest, kannst Du an dieser Stelle die persönliche Inflation etwas reduzieren:

Wir können mit Fug und Recht davon ausgehen, dass Du in dieser Phase Deines Lebens den Lebensstil, den Du pflegen möchtest, gefunden hast. Wenn es bis dahin nicht die goldenen Wasserhähne sein mussten, wirst Du sie dann wohl auch nicht mehr für erstrebenswert halten.

Unter 2,5 % – 3 % persönliche Inflation solltest Du allerdings nicht rutschen, das wäre dann doch zu unrealistisch und riskant.

Da wir jetzt ja ein wirklich großes Vermögen ausrechnen, welches wir in der Rentenzeit verbrauchen wollen, wäre es fahrlässig, außen vor zu lassen, dass wir mit unserem Geld ja schließlich auch arbeiten.

Ebenfalls unschlau wäre es, das Geld nur so arbeiten zu lassen, dass es von der persönlichen Inflation nicht aufgebraucht wird:

Wir legen also einen Anlagezins größer der persönlichen Inflation fest.

Um Dir auch hier einen Anhaltspunkt zu geben, sortiere Dich bitte in diesen Bandbreiten ein (auch hier wirst Du mit der Zeit ein eigenes Gefühl dafür entwickeln, was für Dich realistisch ist):

- Bist Du ein eher vorsichtiger Mensch, nimm als Arbeitsgrundlage 3,5 % Anlagezins.
- Bist Du ein risikobewusster Mensch, nimm 4,5 % Anlagezins.

- Bist Du eher ein motivierter Geldanleger (damit sind keinesfalls unvernünftige oder kamikazehafte Charakterzüge gemeint, sondern vielmehr leichte Anflüge von Abenteuerlust, Optimismus und Spekulantentum), rechnest du mit 5,5 % Anlagezins.

Wenn Du mit dem kleinen finanzmathematischen Taschenrechner aus meiner Finanzbildung, der "Helferlein" App oder dem bisher bekannten Anlage-Sparplanrechner aus www.zinsen-berechnen.de arbeitest, ist es jetzt Zeit für einen Kniff.

**Hinweis für Mathematiker:** Falls Du, lieber Leser oder Leserin, ein Vollblut-Mathematiker bist, brauchst Du jetzt starke Nerven: Es ist nicht hundertprozentig mathematisch sauber, was wir nun rechnen. In Anbetracht der geringen Abweichung zum mathematisch korrekten Ergebnis bin ich aber gewillt, mit der Ungenauigkeit an dieser Stelle zu leben, denn alle, die nicht mit dem ganz spitzen Bleistift rechnen, machen sich auf diese Art das Leben sehr viel leichter.

Statt also nun zwei komplizierte Reihen-Rechnungen nacheinander zu fabrizieren und sie dann gegeneinander laufen zu lassen, ziehen wir einfach von dem „Verbrauchszins“, also von der persönlichen (reduzierten) Inflation im Alter, den „Altersanlagezins“ ab.

Legst Du also Deine persönliche Inflation im Alter mit 3,30 % fest und bist ein risikobewusster Mensch, so rechnest Du jetzt mit einem Alters-Netto-Zins von 3,30 % – 4,50 % = 1,20 %.

Wenn Deine persönliche Altersinflation bei 3,5 % liegt und Du ein motivierter Geldanleger bist (oder werden willst), so rechnest Du vorerst mit 3,50 % – 5,5 % = 2,00 % Nettozins.

Wir rechnen übrigens immer nur mit dem absoluten Wert, das negative Vorzeichen, das eigentlich bei dieser Rechnung rauskommt, ignorierst Du bitte. Wir rechnen ja rückwärts – also wird das negative Vorzeichen positiv.

Falls Deine Altersinflation 4 % beträgt, Du aber ein sehr vorsichtiger Mensch bist, der sein Geld nur mit 3,5 % anlegt, hast Du ein Problem:

Dein angenommener Lebensstil in der Rente passt nicht zu dem Engagement, mit dem Du Dein Geld anlegst. Hier musst Du nachjustieren und weiter in Dich gehen. Du brauchst mehr Anlage-Wissen, damit Du mit der Risikothematik besser umgehen lernst und Du musst Deinen Lebensstil viel stärker hinterfragen und auf den Prüfstand stellen. Wahlweise kannst Du natürlich entsprechend mehr Vermögen anhäufen, das ist aber die mit Abstand teuerste und anstrengendste Alternative.

Wenn Du nicht mit dem Taschenrechner, der App oder dem Sparplanrechner-Tool aus https://www.zinsen-berechnen.de/ arbeiten möchtest, kannst Du Dir die kompliziertere Variante mit den Reihenrechnungen auch mit dem Entnahmeplan-Tool ausrechnen.

Dieses Rechentool findest Du, wenn Du in der Hauptleiste über den Punkt „Vorsorge“ gleich links in der obersten Zeile das erste Tool anklickst.

Hier kannst Du jetzt sehr schön rückrechnen, wie viel Geld zu Deinem Renteneintritt vorhanden sein sollte, damit Du es mit der Dynamik Deiner eigenen persönlichen Altersinflation und dem Anlagezins, den Du erwirtschaften willst, mit Deiner eigenen geplanten Rente verbrauchen kannst.

Wie das alles in der Praxis zusammenkommt und ein Gesamtbild ergibt, wird sicher an Glorias Beispiel klar.

# EINE FINANZIELLE LEBENSGESCHICHTE TEIL II

## GLORIA WIRD MILLIONÄRIN

An einem verregneten Sonntag nach einer anstrengenden Freitagsschicht im Club und einem ziemlich verbummelten Samstag in der Stadt, setzt sich Gloria hin und überlegt, wie es sich mit ihrer Altersinflation verhalten könnte: Bleibt sie so hoch, wie sie es heute ist? Stellt sie sich vor, auch mit 60 noch nach immer „mehr, höher und weiter!" zu streben?

Wenn es moderat so läuft, wie geplant, wird sie ja mit ihren inflationierten 5.700,- Euro ganz gut hinkommen. Die ganz große Luxusrente, die sie sich ja zu anfangs erträumt hat, stellt sie vorerst mal zurück: Zuerst kommt das Grundsätzliche, den Spaß am Leben rechnet sie sich dann später aus.

Nein, „höher, weiter und mehr!" kann sie sich für sich mit 60 Jahren dann doch nicht mehr vorstellen.

Schon gar nicht mehr, nachdem sie für sich selbst jetzt schon beschlossen hat, in Zukunft bewusster zu konsumieren. Das hält sie für eine sehr vernünftige und kluge Entscheidung, sie ist sich sicher, dass sie in den nächsten 25 Jahren nicht mehr ins gedankenlose Konsumieren zurückfallen wird. Zu groß sind die Vorteile, die sie für sich und für ihre Umwelt darin sieht, sorgfältig mit ihrem Geld umzugehen.

Nein, sie ist sich sicher: Höher als 3,5 % wird ihre persönliche Inflation im Alter bestimmt nicht sein.

Klar steigen die Mieten weiter. Auch die Lebensmittel und Kleider, die ihr gefallen, werden bestimmt nicht billiger. Außerdem kommen ja noch solche Sachen wie Medikamente und körperliche Unterstützung hinzu – aber die Kostensteigerungen dafür sind mit 3,5 % in ihrer Vorstellung gut abgedeckt.

Ja, mit dieser Altersinflation will sie arbeiten – genauer an diese Zahl herankommen wird sie ja sowieso erst im Laufe der Zeit.

Simones Sermon bezüglich der weitergehenden Inflation und der fehlenden Geldanlage noch im Ohr, macht sich Gloria dann auch darüber Gedanken: Klar, sie weiß noch sehr wenig darüber, wie man Geld anlegt. Sie hat das dumme Gefühl, dass sie sich damit noch sehr ausgiebig beschäftigen muss. Ob ihr das Spaß machen wird? Nach dem, was ihr Simone und Claude so erzählen und was sie in der Zeitung liest, wird es nicht damit getan sein, auf die Bank zu gehen und zu tun, was die Profis dort empfehlen.

Auch Michael hat ihr schon Horrorstorys von sich und seinen Kunden erzählt, die wahnsinnig viel Geld in den Sand gesetzt haben, weil sie einfach nur blind auf ihre Berater gehört haben.

„Stopp!“, ruft Gloria sich zur Ordnung. „Diese Schwarzmalerei bringt mir ja jetzt gar nichts, ich ziehe mich ja nur selbst runter! Ich muss eine Sache nach der anderen angehen, sonst mache ich mich nur verrückt und verliere komplett den Überblick! Um das genaue ‚Wie?' bei dem Geldanlagekram kümmere ich mich später, erst einmal brauche ich einen Plan über das ‚Was?'.

Also zurück zu meinem Finanzplan.

Ich brauche jetzt also einen Anlagezins. Es ist ja klar, dass ich mein Geld auf keinen Fall mit weniger Rendite anlegen will, als meine persönliche Inflation ist, mehr als 3,5 % muss ich also schon irgendwie erwirtschaften.

Und wenn ich mal zurückdenke: Ja, früher gab es auch mal Zinsen auf Sparbüchern und mein erstes Tagesgeld vor 13 Jahren hatte um die 4 % Zinsen. Heute erscheint mir das utopisch, aber offensichtlich ändern sich die Zinsen ja über lange Zeiträume hinweg.

Und lang ist mein Zeitraum ja: Wir reden hier von gut 33 Jahren Geldanlage. Außerdem verbrauche ich das ganze Geld ja nicht auf einmal, sondern ich schmelze es langsam über die Zeit ab, da kann es ruhig auch noch arbeiten unterwegs.

Wie sagt Simone immer?: ‚Langfristig sind 4,5 % für Menschen, die sich um ihre Geldanlage kümmern, immer drin!' Und Claude widerspricht dabei nie.

Wenn sogar der Anlagejunkie und der Versicherungsprofi sich mal in etwas einig sind, so denke ich, kann ich guten Gewissens die 4,5 % auch für mich annehmen. Und kümmern werde ich mich ja auch, das ist das Nächste, was ich angehe, wenn ich den Plan hier mal fertig habe. Also gut, ich nehme 4,5 %!"

Gloria schreibt ihre neuen Zahlen auf den Zettel und wirft den Computer an. Da sie sich die letzte Zeit ja ein wenig mit den Möglichkeiten, die das Netz bietet, beschäftigt hat und ständig mit diesen Geldrechnern auf zinsen-berechnen.de rumspielt, weiß sie schon, dass sie jetzt einen sogenannten „Entnahmeplan“ rückwärts rechnet, sie gibt also ihr Zahlen dort ein:

Sie möchte die Kapitalsumme wissen, die sie am 60. Geburtstag zusammengespart haben sollte, damit sie ihre Must-have-Rente sicher hat.

Sie möchte 5.710,33,- Euro monatlich entnehmen (das war ja ihre ausgerechnete Soll-Rente incl. Steuern und Abgaben – hochgerechnet auf 25 Jahre mit ihrer eigenen Inflation).

Sie möchte diese 5.710,- Euro monatlich haben, aber dieses Geld muss jedes Jahr in der Summe steigen, da sie ja eine Altersinflation von 3,5 % hat – also braucht sie eine Dynamik von 3,5 %.

Ja, sie legt ihr Geld an, 4,5 % sollten mindestens schon drin sein.

Sie braucht dieses Geld jeden Monat über ganze 33 Jahre, denn sie wird 93 Jahre alt und will ab ihrem 60. Lebensjahr davon leben.

Am Ende, wenn sie die Äuglein zumacht, braucht nichts mehr übrig zu sein – hier würde sie nur etwas eintragen, wenn sie unbedingt jemandem etwas vererben wollte … Restkapital ist also 0.

Gloria drückt auf „Berechnen“ und ist froh, dass sie schon sitzt.

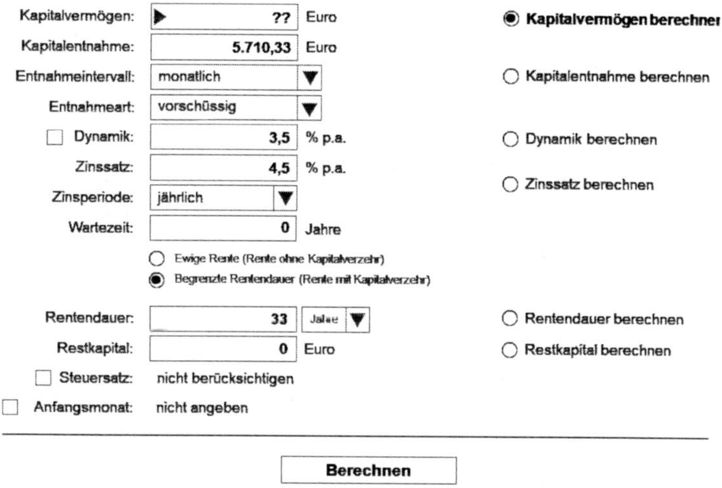

| | | | |
|---|---|---|---|
| Kapitalvermögen: | ?? | Euro | Kapitalvermögen berechnen |
| Kapitalentnahme: | 5.710,33 | Euro | |
| Entnahmeintervall: | monatlich | | Kapitalentnahme berechnen |
| Entnahmeart: | vorschüssig | | |
| Dynamik: | 3,5 | % p.a. | Dynamik berechnen |
| Zinssatz: | 4,5 | % p.a. | Zinssatz berechnen |
| Zinsperiode: | jährlich | | |
| Wartezeit: | 0 | Jahre | |

Ewige Rente (Rente ohne Kapitalverzehr)
Begrenzte Rentendauer (Rente mit Kapitalverzehr)

| | | | |
|---|---|---|---|
| Rentendauer: | 33 | Jahre | Rentendauer berechnen |
| Restkapital: | 0 | Euro | Restkapital berechnen |
| Steuersatz: | nicht berücksichtigen | | |
| Anfangsmonat: | nicht angeben | | |

Berechnen

1.908.543,12 Euro soll sie brauchen!? Das ist ja wohl ein schlechter Scherz! Fast 2 Millionen, und es ist noch nicht mal ein Luxusleben, welches sie damit finanziert! Wahnsinn!

Obwohl es Sonntag und 10.30 Uhr in der Früh ist, verspürt Gloria den dringenden Wunsch nach einem Whiskey. Oder einem Cognac, egal, Hauptsache es knallt.

„Bleibt vernünftig!“, ermahnt sie sich und nippt brav an ihrer Tasse Tee, „es sind ja nur Zahlen. Du weißt ja, was da eigentlich drin steckt – am Ende ist das nichts anderes, als einfach 1.500 Euro netto, nur furchtbar aufgeblasen: von der Inflation, den Steuern und der Zeit.“

Wie gut, dass sie sich endlich mit dem Kram beschäftigt. Stelle man sich mal vor, sie hätte das alles erst kurz vor der Rente erfahren – da wäre sie ja offenen Auges in die karge Rente gelaufen und hätte kaum noch etwas dagegen unternehmen können. Nein, das hier tut zwar echt weh – aber lieber weiß sie es heute als erst in 15 Jahren.

Jetzt hat sie immerhin noch 25 Jahre Zeit. Aber unwohl ist ihr trotzdem.

Sie beschließt, es gleich nochmal neu zu rechnen und mal zu schauen, wie es aussieht, wenn sie doch bis 67 arbeiten geht. Ihre Arbeit ist ja wirklich in Ordnung, anderes zu behaupten wäre unfair. Und bis dahin, wer weiß denn schon, was das Leben ihr noch bringt? Grundvorsorge heißt ja schließlich „Worse-Case" – und genau das wäre ja das Arbeiten bis 67. Ihr geht es ja wirklich gut, das lässt sich auch alles gut bis 67 durchhalten.

Viel besser, als es Michael mit seinem Friseurjob geht. Bei dem käme da sicher eine ganz andere Zahl raus. Wie soll das denn bei ihm überhaupt funktionieren?

Jetzt ist sie plötzlich neu motiviert, sie will es jetzt auch mal für Michael rechnen. Die groben Daten hat sie ja, die anderen denkt sie sich einfach für ihn aus.

# GLORIA RECHNET MICHAELS LEBEN

Also, was hat er nochmal gesagt?

Er geht davon aus, bis 67 zu arbeiten – er ist jetzt 38 Jahre alt, also sind das noch 29 Jahre.

Michaels persönliche Inflation ist niedriger als ihre eigene, sagen wir mal 4 %, so bewusst, wie er lebt.

Sie muss ja noch wissen, wie viel sein Grundbedarf ist. Wenn 3.000 für die beiden als Pärchen genügen, dann genügt für Michael allein bestimmt 1.300,- Euro nach heutigem Wert.

Ach Mist, die Steuern müssen ja nochmal drauf. Also 25 % on top, sind wir bei 1.625,- Euro. Inflationiert mit den 4 % ergibt das eine Must-have-Rente von rund 5.070,- Euro:

So riesig ist der Abstand zu ihrem eigenen Rentenbedarf gar nicht, wundert sie sich. Aber weiter, was zählt, ist ja das Ergebnis am Schluss.

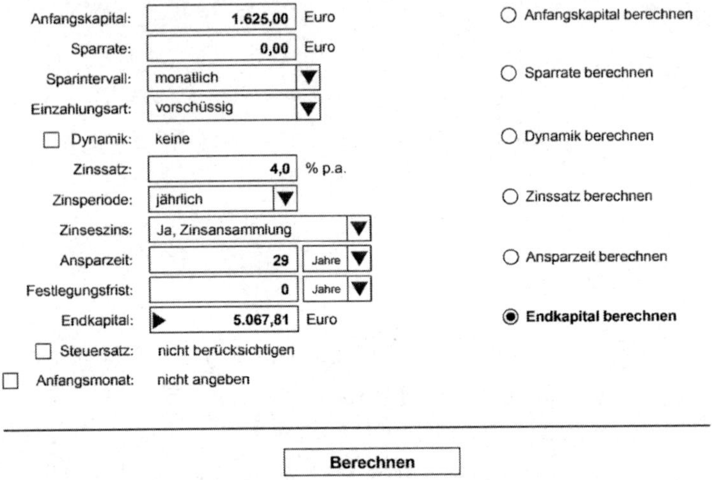

| | | | |
|---|---|---|---|
| Anfangskapital: | 1.625,00 | Euro | ○ Anfangskapital berechnen |
| Sparrate: | 0,00 | Euro | |
| Sparintervall: | monatlich | | ○ Sparrate berechnen |
| Einzahlungsart: | vorschüssig | | |
| ☐ Dynamik: | keine | | ○ Dynamik berechnen |
| Zinssatz: | 4,0 | % p.a. | |
| Zinsperiode: | jährlich | | ○ Zinssatz berechnen |
| Zinseszins: | Ja, Zinsansammlung | | |
| Ansparzeit: | 29 | Jahre | ○ Ansparzeit berechnen |
| Festlegungsfrist: | 0 | Jahre | |
| Endkapital: | 5.067,81 | Euro | ◉ **Endkapital berechnen** |
| ☐ Steuersatz: | nicht berücksichtigen | | |
| ☐ Anfangsmonat: | nicht angeben | | |

**Berechnen**

Seine Inflation wird im Alter auch etwas niedriger sein, sie sortiert ihn bei 3,3 % ein.

Boah, der Anlagezins. Hmm. Da hat sie ja überhaupt keine Ahnung, wie er mit Geldsparen und Investieren usw. umgeht. Das geht sie lieber mal vorsichtig an und weist ihm einen Anlagezins von 3,5 % zu, es geht ja jetzt nur darum, mal ein Gefühl für die ganze Sache hier zu bekommen…

Also gut, wie viel Geld braucht Michael denn jetzt wirklich, wenn er nur bis 80 Jahre Lebensalter (also nur 13 Rentenjahre) rechnen will, die alte Unke? Sie tippt alles in den Entnahmerechner ein:

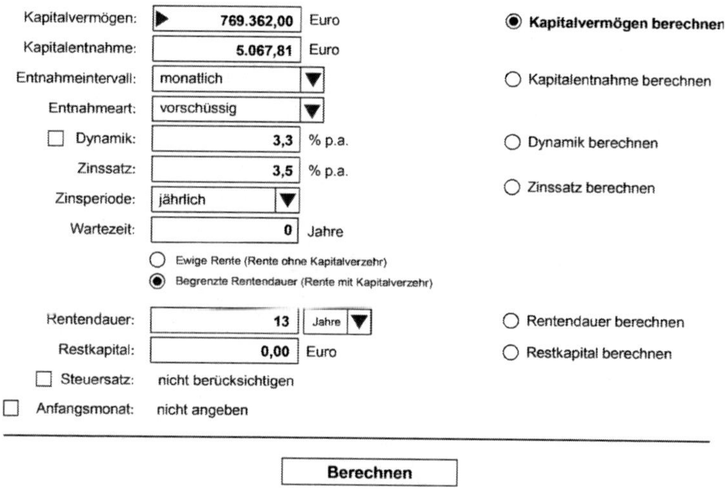
Kapitalvermögen: 769.362,00 Euro
Kapitalentnahme: 5.067,81 Euro
Entnahmeintervall: monatlich
Entnahmeart: vorschüssig
Dynamik: 3,3 % p.a.
Zinssatz: 3,5 % p.a.
Zinsperiode: jährlich
Wartezeit: 0 Jahre
Ewige Rente (Rente ohne Kapitalverzehr)
Begrenzte Rentendauer (Rente mit Kapitalverzehr)
Rentendauer: 13 Jahre
Restkapital: 0,00 Euro
Steuersatz: nicht berücksichtigen
Anfangsmonat: nicht angeben
Kapitalvermögen berechnen
Kapitalentnahme berechnen
Dynamik berechnen
Zinssatz berechnen
Rentendauer berechnen
Restkapital berechnen
Berechnen

Nur 770.000,- Euro! Das ist ja ein Ding! Das ist mehr als die Hälfte weniger, als sie für sich braucht. Das ist ja wohl kein Thema, das bekommt er ja wohl hin!

# FINANZPLANRECHNEN IV
# AB JETZT WIRD ES BESSER

## ZAHLEN MÜSSEN SCHMELZEN WIE BUTTER IN DER SONNE

Lieber Leser, liebe Leserin, ich möchte Dich jetzt auf ein sehr interessantes Phänomen aufmerksam machen:

Hast Du auch bei Dir selbst bemerkt, wie lässig Du Michaels 770.000,- Euro Rentenbedarf weggesteckt hast? Hast Du bemerkt, wie schnell das Entsetzen nachlässt und das Akzeptieren großer Zahlen leichter fällt?

Je mehr wir uns mit solchen Zahlen beschäftigen und sie mit Leben füllen, umso einfacher wird der Umgang mit ihnen und umso leichter wird es für uns selbst, solche Zahlen auch in unser eigenes Leben und Denken einzulassen.

Das ist genau der Grund, warum man solche Finanzpläne am besten selbst rechnet und es nicht einem Computerprogramm oder einem Berater überlässt: Die Zahlen, die dort ausgerechnet werden, sind nicht selbst erarbeitet.

Wenn Du unvorbereitet einem Berater am Schreibtisch gegenüber sitzen würdest und er Dir so eine Zahl ins Gesicht sagt, würdest Du wahrscheinlich in haltloses Gelächter ausbrechen.

Aber jetzt, nachdem Du selbst ausgerechnet hast, wie viel Geld Du wirklich brauchst und Du selbst die einzelnen Parameter festgelegt hast, wird es Dir nicht utopisch erscheinen, dass da am Ende eine, zwei oder gar noch mehr Millionen herauskommen.

Wenn Du also jetzt mit Deiner eigenen Inflation, Deinem eigenen Geldbedarf, Deinem eigenen angenommenen Anlagezins und Deinen eigenen Lebens- und Arbeitszeiten bis hierhin rechnest, so hast Du keinen Grund, in Panik zu verfallen, wenn da eine sehr große Zahl herauskommt.

Das Schlimmste hast Du hinter Dir, ab jetzt wird es nur noch besser. Und: Du hast es selbst in der Hand.

# DAS PFLASTER IST AB, LASST UNS DIE WUNDE VERSORGEN

So, jetzt sitzen wir da mit unserem riesigen Geldbedarf zum Renteneintritt – und jetzt ziehen wir davon ab, was wir bereits haben.

Und wir haben alle etwas, lass Dich da nicht von den Unkenrufen der Altersarmutspessimisten beirren.

Entweder bist Du noch sehr jung (20 bis 30) – dann hast Du vielleicht noch kein Kapital, keine Versicherungen, keinen Rentenanspruch, aber Du hast das Wertvollste überhaupt: jede Menge Zeit. Und jetzt hast Du auch noch das Wissen, wie Du rechnest, und ein Ziel, wo Du hin willst – klasse, besser kann es nicht kommen.

Wenn Du nicht mehr ganz so jung bist (ich spreche jetzt von ca. 30 – 45), so hast Du wahrscheinlich schon irgendeine Form von Altersvorsorgekapital gebildet:

Sei es in der gesetzlichen Rente, in Deinem Riester oder Rürup, Deinem Haus, Deinem Bausparvertrag, einem Sparbuch, Tagesgeld, Depot, einer betrieblichen Altersvorsorge, Deiner Firma – irgendetwas wird sicher schon da sein. Und Zeit hast Du auch noch, mehr als genug.

Bist du das, was man eine „gereifte Persönlichkeit" nennen könnte (hier denke ich an das Alter von 45 bis 55), so gilt für Dich fast das gleiche wie für die Mittelalten. Wenn

Du bisher aber noch kaum Gedanken und Geld an die Altersvorsorge oder den Vermögensaufbau verschwendet hast, könnte es nötig werden, sowohl an den bisher erarbeiteten Stellschrauben zu drehen, als auch an Deiner Einkommenssituation. Alles in allem aber: Nichts, worüber man sich Sorgen machen müsste.

Hast Du die Rente schon in Sicht, bist also über 55 Jahre alt, so hoffe ich, dass schon Teile einer Altersvorsorge gemacht sind oder Vermögen vorhanden ist.

Falls Du wirklich gar nichts in dieser Richtung gemacht haben solltest und wir überhaupt nichts von Deiner großen Bedarfssumme abziehen können, so ist das kein angenehmer Ausblick und es wird recht hart werden, über unsere gesetzlich Gott sei Dank vorhandenen Sicherungssysteme hinauszukommen – aber Du kannst Deine Situation selbst bestimmen und verbessern.

Immer.

Also: Lasst uns abziehen, was Du bereits hast.

# DIE GESETZLICHE RENTE

Es würde den Rahmen dieses Buches sprengen, die gesetzliche Rente von Grund auf zu erklären. Ich habe hinten im Glossar einige hilfreiche Links und Hinweise zusammengefasst, die Dich weiterbringen, wenn Du Dich dafür interessierst.

Was Du aber grundsätzlich wissen musst, ist Folgendes: Die gesetzliche Rente wird in Punkten gerechnet. Da Du Dir als Angestellter ja nicht aussuchen kannst, ob Du in die gesetzliche Rentenversicherung einzahlst oder nicht, bekommst Du einen Rentenpunkt im Jahr, wenn Du genauso viel verdienst (und als Versicherungsbeitrag abgibst), wie der Durchschnitt der deutschen Rentenversicherungspflichtigen im gleichen Jahr verdient.

Hatte der Durchschnitt also 30.000,- Gehalt und Du auch, so bekommst Du einen Punkt gutgeschrieben. Hattest Du 60.000,- Euro Gehalt, so bekommst Du sogar 2 Punkte (mehr als 2,056 Punkte gibt es aber nicht, nach oben ist es begrenzt), hattest Du aber nur 15.000,- Euro Jahresbruttogehalt, so bekommst Du 0,5 Rentenpunkte.

Diese einmal erarbeiteten Rentenpunkte nimmt Dir niemand mehr weg, an denen ist nicht mehr zu rütteln. Jedes Jahr kommen Deine neuen Rentenpunkte aus Deinem neuen Jahresbruttogehalt dazu. Am Ende Deiner beruflichen Laufbahn wird diesen angesammelten Punkten dann von der Deutschen Rentenversicherung ein jedes Jahr aktualisierter Geldwert zugeordnet, diese Summe ist dann Deine festgesetzte Altersrente.

Hast Du also 30 Rentenpunkte erarbeitet und der Rentenpunkt ist im Jahr 2019 auf 32,03 Euro festgelegt, so hat Deine Rente – Stand 2019 – einen Wert von 30 x 32,03 Euro = 960,90 Euro.

Die Aufgabe in unserem Finanzplan ist es nun, die eigene gesetzliche Rente auf eine reelle Gesamtsumme hochzurechnen, die wir dann von unserem Gesamtbedarf abziehen können.

Bitte nimm Deine letzte Renteninformation zur Hand (Du solltest jedes Jahr eine zugeschickt bekommen, wenn Du älter als 27 Jahre bist und 5 Jahre angestellt gearbeitet hast) und suche Dir in dem fett umrahmten Kästchen die unterste Zahl.

| | |
|---|---|
| **Rente wegen voller Erwerbsminderung**<br>Wären Sie heute wegen gesundheitlicher Einschränkungen voll erwerbsgemindert, bekämen Sie von uns eine monatliche Rente von: | 1.752,74 EUR |
| **Höhe Ihrer künftigen Regelaltersrente**<br>Ihre bislang erreichte Rentenanwartschaft entspräche nach heutigem Stand einer monatlichen Rente von: | 1.207,60 EUR |
| Sollten bis zum Rentenbeginn Beiträge wie im Durchschnitt der letzten fünf Kalenderjahre gezahlt werden, bekämen Sie ohne Berücksichtigung von Rentenanpassungen von uns eine monatliche Rente von: | 2.334,21 EUR |

Diese unterste Zahl ist die gesetzliche Rente, die Du ab 67 Jahre bekommen sollst, vorausgesetzt, Du verdienst genauso weiter, wie Du im Schnitt der letzten 5 Jahre verdient hast. Was hier noch nicht eingerechnet ist, ist, dass auch der Wert eines Rentenpunkts in der gesetzlichen Rente sozusagen einer „Inflation“ unterliegt: Sie wird gesteigert, nach Möglichkeit und Finanzlage der Rentenkasse jedes Jahr.

Ich habe mir die Rentensteigerungen der letzten 40 Jahre angesehen und sie gemittelt – am Ende kam eine Steigerung von knapp über 1 % jährlich heraus. Wenn wir also trotz allem unserem Staat vertrauen wollen, so dürfen wir guten Gewissens mit 1 % Steigerung rechnen.

In besagter Renteninformation wird zwar auch über die Steigerung mit 2 % informiert, aber das als Wahrheit anzunehmen, halte ich für zu gefährlich: Wir haben in unseren bisherigen Berechnungen ja nicht überall Puffer und Stellschrauben eingebaut, um jetzt hier blauäugig auf einen staatlichen Goodwill zu vertrauen. Auch wenn z.Bsp. die Steigerung 2022 sogar mit 5,35 % (West) und 6,12 % (Ost) wirklich erfreulich hoch ausgefallen ist: das ist eine Ausnahme! Es gab auch schon Nullrunden und die wird es auch wieder geben (müssen).

Lasst uns also nachprüfen, ob die Deutsche Rentenversicherung rechnen kann:

Wir nehmen die unterste Zahl in dem Kästchen, hier die 2.334,21 Euro.

Aus der Renteninformation selbst entnehmen wir, wie lange es bis zum offiziellen Rentenbeginn noch dauert: Du findest das Datum in Deiner Renteninfo direkt in der

3. Zeile, fett gedruckt. Von diesem Datum (in Monaten) ziehst du dann das Jahr, auf das sich die Renteninfo bezieht, ab.

Hier in unserem Mustermann-Beispiel ist es also vom 01.01.2018 bis zum 01.01.2038 = 20 Jahre, plus noch das halbe Jahr bis zum 01.07. - also 20,5 Jahre.

(Hast Du um den April herum Geburtstag, sind es 0,25 Jahre, bist Du ein Herbstkind, dann 0,75 Jahre on top – noch genauer musst Du es normalerweise nicht rechnen.)

In dieser Renteninformation haben wir die für Sie vom 01.09.1987 bis zum 31.12.2017 gespeicherten Daten, den Versorgungsausgleich und das geltende Rentenrecht berücksichtigt. Ihre Regelaltersrente würde am 01.07.2038 beginnen. Änderungen in Ihren persönlichen Verhältnissen und gesetzliche Änderungen können sich auf Ihre zu erwartende Rente auswirken. Bitte beachten Sie, dass von der Rente auch Kranken- und Pflegeversicherungsbeiträge sowie gegebenenfalls Steuern zu zahlen sind. Auf der Rückseite finden Sie zudem wichtige Erläuterungen und zusätzliche Informationen.

Jetzt haben wir alle Informationen, wie Du ausrechnen kannst, wie hoch deine Rente wirklich sein wird.

In unserem Beispiel hier können wir das wieder mit dem normalen Sparplanrechner bei www.zinsen-berechnen.de ausrechnen:

- Rente erwartet: 2.334,21 Euro
- Inflation/Rentensteigerung/Zinssatz 1 %
- Laufzeit 20,5 Jahre

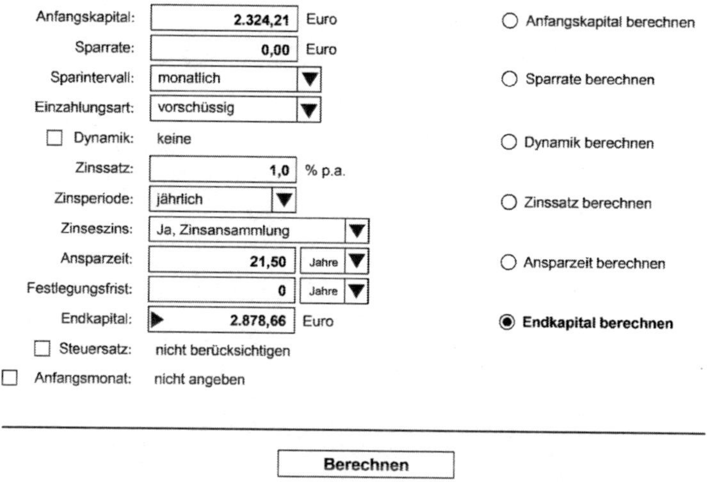


Aus der erwarteten Rente von 2.334,21 Euro wird also eine gesteigerte Rente von 2.862,42 Euro.

Immerhin.

Diese Zahl findest du übrigens auch in der Renteninformation bereits berechnet im unteren Abschnitt „Rentenanpassung".

**Rentenanpassung**
Aufgrund zukünftiger Rentenanpassungen kann die errechnete Rente in Höhe von 2.324,21 EUR tatsächlich höher ausfallen. Allerdings können auch wir die Entwicklung nicht vorhersehen. Deshalb haben wir – ohne Berücksichtigung des Kaufkraftverlustes – zwei mögliche Varianten für Sie gerechnet. Beträgt der jährliche Anpassungssatz 1 Prozent, so ergäbe sich eine monatliche Rente von etwa 2.870 EUR. Bei einem jährlichen Anpassungssatz von 2 Prozent ergäbe sich eine monatliche Rente von etwa 3.530 EUR.

Wir stellen fest: Wir können rechnen.
Die Rentenversicherung kann es auch.

# WARUM NICHT EINFACH ABLESEN, WENN ES DENN SCHON DRINSTEHT?

Es ist keine „Schikane“, dass Du Deine Rente selbst hochrechnen können solltest, denn es ist wichtig, dass Du verstehst, warum wir gleich tun werden, was wir tun werden:

Genau betrachtet, wird also Dein Monatseinkommen in der Rente ja jedes Jahr um 1 % mehr. Wenn wir jetzt ausrechnen wollen, welche Summe Du also insgesamt in der ganzen Rentenzeit bekommst, wäre das sozusagen Deine Rentendynamik.

In Deinem Finanzplan haben wir aber berechnet, dass Deine Inflation weitergeht. Und wir sind davon ausgegangen, dass Du aus einem großen Topf zehren kannst, dessen Geld ja nicht komplett jeden Monat so verbraucht wird, wie es reinkommt – Du bekommst ja auch Anlagezinsen für Dein Kapital. Bei der gesetzlichen Rente bekommst Du das natürlich nicht.

Es ist also nicht korrekt, die Dynamik der Rente gar nicht zu beachten – aber genauso unkorrekt wäre es, nicht zu berücksichtigen, dass die Rente unterwegs trotz der Steigerung an Wert verliert: Sie kann einfach nicht mit Deiner persönlichen Inflation mithalten. Wenn wir also nun den Gesamtwert Deiner gesetzlichen Rente berechnen, so ist auch das ein persönlicher Wert – wieder abhängig von Deiner persönlichen Inflation.

# EINE FINANZIELLE LEBENSGESCHICHTE, PART III

## GLORIA RECHNET RENTEN

Gloria hat ein wenig Bammel davor, jetzt bei sich selbst weiterzurechnen. Sie ahnt ja schon, dass das etwas komplizierter werden könnte mit ihrer frühen Rente schon mit 60 Jahren. Deshalb schiebt sie es noch ein wenig vor sich her und widmet sich lieber weiterhin Freund Michael, dessen Situation ihr einfacher zu berechnen scheint.

Sie weiß, dass auf seiner Renteninformation draufgestanden hat, dass er mit stolzen 1.016,- Euro Rente rechnen könne – er hat sich nämlich entsetzlich darüber aufgeregt, dass er nach 47 Jahren ständiger angestellter Berufstätigkeit nur eine solch mickrige Rente bekommen soll.

Gloria konnte sein Entsetzen gut verstehen – aber auf das Gespräch richtig einsteigen wollte sie lieber nicht:

Am Ende sind solche Sachen nämlich immer politisch und laufen auf Gerechtigkeits-Diskussionen heraus.

Was sie aber wusste und auch gesagt hat, ist, dass es wohl immer schon der größte Irrtum der Deutschen war zu glauben, die Höhe der Rente hinge in der Hauptsache von der Zeit ab, die man in seinem Leben gearbeitet hat. Claude hat ihr vor Jahren schon mal erklärt, dass es fast allein darauf ankommt, wie viel Geld man verdient und in die Rentenversicherung gezahlt hat.

Das ist natürlich für jemanden wie Michael, der unglaublich viel arbeitet und wenig verdient, ein echtes Problem – denn er hat nicht so viel in die Rentenkasse eingezahlt. Da kann gar keine „auskömmliche Rente", wie es im Fernsehen immer so schön heißt, dabei rauskommen.

Genauso wie Michael geht es auch den ganzen Pflege- und Sozialberufen, die massiv unterbezahlt sind und die sich körperlich oft so verausgaben müssen, dass nicht wirklich daran zu denken ist, bis 67 mit voller Kraft zu arbeiten. Und erst die vielen Menschen, die per Mindestlohn arbeiten! Mindest- und Niedriglohnberufe können innerhalb der gesetzlichen Rente nicht auf einen grünen Zweig kommen, das kann von der Systematik her schon nicht funktionieren.

Wenn Gloria länger darüber nachdenkt, wird sie depressiv. Nein, lieber zurück zu den harten Fakten und Zahlen – gegen dieses politische und gesellschaftliche Dilemma ist die Rechnerei geradezu entspannend.

Also, Michaels spätere Rente von 1.016,- Euro ergibt mit 1 % gesteigert auf 29 Jahre immerhin 1.355,- Euro dann, wenn er 67 ist.

Wenn seine persönliche Inflation im Alter bei 3,3 % liegt und die Rente weiterhin um jeweils 1 % im Jahr erhöht wird, so kann sie jetzt entweder mit einem Realzins von 2,3 % rückrechnen (dann würde sie den Sparplanrechner oder den Finanztaschenrechner aus der

Finanzbildung verwenden) oder sie rechnet es im Entnahmeplan-Rechner so, wie wir auch den Barwert der großen Gesamtsumme errechnet hatten.

Weil sie es jetzt doch ganz genau wissen will, rechnet sie beide Varianten. Beim Sparplanrechner kommt eine negative Zahl raus, das Vorzeichen kann sie aber getrost vergessen, sie hat ja schließlich rückwärts gerechnet:

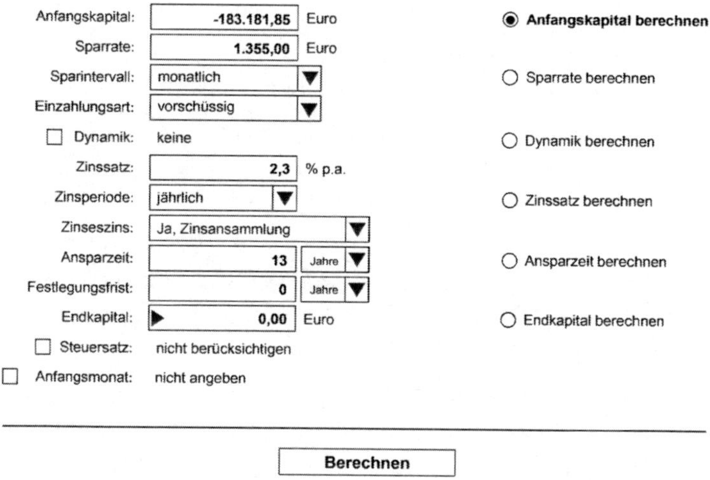

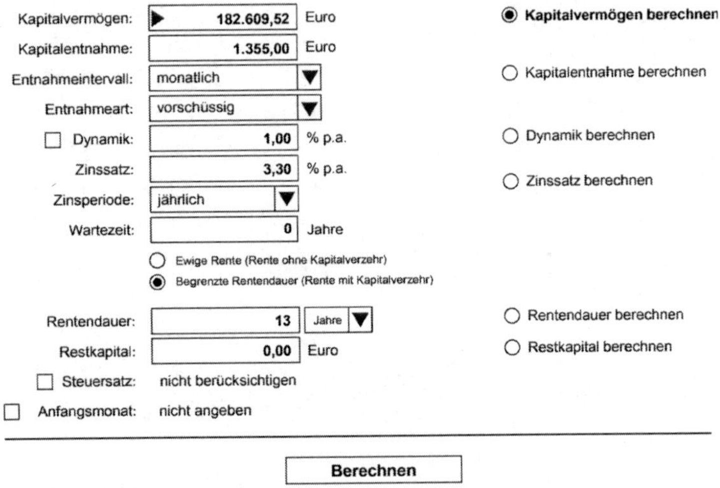

| | | | |
|---|---|---|---|
| Kapitalvermögen: | 182.609,52 | Euro | ◉ Kapitalvermögen berechnen |
| Kapitalentnahme: | 1.355,00 | Euro | ○ Kapitalentnahme berechnen |
| Entnahmeintervall: | monatlich | | |
| Entnahmeart: | vorschüssig | | |
| ☐ Dynamik: | 1,00 | % p.a. | ○ Dynamik berechnen |
| Zinssatz: | 3,30 | % p.a. | ○ Zinssatz berechnen |
| Zinsperiode: | jährlich | | |
| Wartezeit: | 0 | Jahre | |

○ Ewige Rente (Rente ohne Kapitalverzehr)
◉ Begrenzte Rentendauer (Rente mit Kapitalverzehr)

| | | | |
|---|---|---|---|
| Rentendauer: | 13 | Jahre | ○ Rentendauer berechnen |
| Restkapital: | 0,00 | Euro | ○ Restkapital berechnen |
| ☐ Steuersatz: | nicht berücksichtigen | | |
| ☐ Anfangsmonat: | nicht angeben | | |

Berechnen

Beim Entnahmeplan-Rechner ist die Rechnung etwas genauer, aber ob die kleine Differenz die Jonglierererei mit der Inflation rauf und der Rentensteigerung runter rechtfertigt?

Hmm, sie weiß nicht recht – wenn es mal gerade schnell gehen soll, ist die etwas ungenauere Variante ja doch etwas schneller. Aber das kann ja jeder für sich selbst entscheiden, beschließt sie.

Na ja. Immerhin ca. 183.000,- Euro von seinem Gesamtbedarf von 769.000,- Euro sind Michael ja schon mal sicher.

Und sie weiß, dass er so eine Riester-Rente abgeschlossen hatte, als sie den Kleinen adoptiert hatten. Und er hat auch noch eine private Rentenversicherung, die er schon direkt nach der Ausbildung abgeschlossen hatte – da muss sie mal nachfragen, was da drin ist.

# NAGEL MIT KOPF

Nun hat sie sich lange genug vor ihrer eigenen Wahrheit gedrückt, jetzt wendet sie sich doch ihrer eigenen Rente zu. Puuh, das wird ganz schön kompliziert, wie stellt sie das denn an?

Mit 60 schon die Auszahlung der gesetzlichen Rente beginnen, das geht nicht, das weiß sie ja schon. Frühester Auszahlungsbeginn von deutschen gesetzlichen Renten ist regulär mit 63 Jahren – und da muss man heftige Abschläge in Kauf nehmen. Die neue Frührente, bei der man mit 45 Beitragsjahren auch schon mit 65 Jahren ohne Abschläge in Rente gehen kann, bekommt sie nicht hin, dazu hat sie zu spät angefangen zu arbeiten.

Dann also mit Abschlägen.

Wie hoch ist der prozentuale Abschlag bei ihr, wenn sie den frühesten Rentenzahlungsbeginn mit 63 wählt: 0,3 % pro Monat, den sie früher die Rente in Anspruch nehmen will. Sie würde dann also die 4 Jahre früher nehmen, also 4 x 12 = 48 Monate.

Das mal 0,3 % - oh, das sind 14,4 %!

Das macht ja richtig viel aus – und das lebenslang! Sie sucht ihre aktuelle Renteninformation heraus und rechnet ihre Varianten:

Auf ihrer Renteninfo steht, dass sie mit 67 und ihren bis dahin erarbeiteten 84,67 Rentenpunkten eine Rente von 2.712,- Euro bekäme. Rechnet sie das jetzt mit einer Steigerung von 1 % hoch (oder liest es aus dem unteren Abschnitt in der Info ab), ergibt das in 32 Jahren (sie ist ja erst 35) eine recht beachtliche Summe von 3.728,- Euro.

Nicht schlecht, so absolut betrachtet.

**Variante 1: Mit 60 aufhören und die Regelaltersgrenze abwarten**

Gloria überlegt weiter, wie sich das auswirkt, wenn sie wirklich mit 60 das Handtuch schmeißt und nichts mehr einzahlt ... Davon abgesehen, dass sie dann von 60 bis 67 aus ihrem Vermögen leben muss, wird die gesetzliche Rente ja weniger hoch sein: Es fehlen ja dann Einzahlungen von den 7 Jahren, die sie früher aufhört zu arbeiten, die aber in der Rentenhochrechnung schon berücksichtigt sind.

Sie rechnet:

Sie weiß, dass sie 1,9 Rentenpunkte im Jahr bekommt, das mal 7, das sind rund 13,3 Rentenpunkte insgesamt weniger.

Ein Rentenpunkt ist momentan 32,03 Euro wert. 13,3 mal 32,03 Euro – das macht allen Ernstes 426,- Euro aus?! Und sie hat sie ja noch nicht mal gesteigert, dann wird das ja noch mehr!

Mit 1 % gesteigert wird aus diesen 426,- Euro in den 32 Jahren dann 585,72 Euro, die sie weniger bekommt. Statt 3.728,- wären es dann nur noch rund 3.142,- Euro Rente ab 67. Das ist ein ganz schön heftiger Verlust. Insgesamt auf ihre angenommene Lebenszeit von 93 Jahren gerechnet – jetzt mal Steigerungen und Inflation außen vor gelassen – verliert sie in Summe dann fast 183.000 Euro. Nein, das geht gar nicht.

**Variante 2: Mit 60 aufhören und ab 63 Jahren die Rente mit Abschlägen akzeptieren**

Wenn sie dagegen die Frührente mit Abschlägen nimmt, dann bekommt sie die Rente ja länger. Sie hofft, dass sich das vielleicht ausgleicht. Also nochmal rechnen: Es bleibt bei der verminderten Rente von 3.142,- Euro, von der sie dann auch noch die 14,4 % abziehen muss. Okay, das sind also nochmal 452,- Euro Monatsrente weniger – und kommt dann bei ca. 2.690,- Euro raus!

Aber immerhin gibt es die 2.690,- Euro dann ja 30 Jahre lang, also insgesamt 968.400,- Euro bis zum Schluss. Die höhere Rente von 3.142,- gäbe es ja nur 26 Jahre lang ab 67, das sind insgesamt 980.304,- Euro – in der Differenz macht das dann doch nur knapp 12.000,- Euro weniger aus.

Die 12.000,- alleine machen den Kohl also nicht mehr fett. Eventuell könnten die 4 Jahre mehr Lebensqualität ja diese Differenz durchaus wettmachen, wenn der Rest ihrer finanziellen Situation den Grundverlust gut auffangen kann.

Während der Verlust aus den Abschlägen also vielleicht mit den 12.000,- Euro noch verschmerzbar wäre, so wären es zusammengenommen mit dem Verlust aus den 7 Jahren entgangener Beitragszeit dann doch gut 195.000 Euro insgesamt.

Auf ihre ursprüngliche Rente von 3.728,- Euro hin betrachtet ist das alles also indiskutabel – denn auch hier muss sie ja 3 Jahre aus ihrem Vermögen leben, welches sie ja noch gar nicht hat.

**Variante 3: Arbeiten bis 63 und dann mit Abschlag in Rente**

„Gut, dann rechne ich eben noch den nächsten Kompromiss, bevor ich mich rein rechnerisch damit abfinde, bis 67 zu arbeiten. Ich gehe den Mittelweg zwischen ‚früher aufhören' und ‚weniger Rente bekommen': Ich rechne jetzt aus, wie es ist, wenn ich bis 63 arbeite und dann gleich in Rente gehe, Abschläge hin oder her."

Es folgt die letzte Renten-Rechnerei, ich hoffe, Du bist noch bei mir.

(Übrigens musst Du dieses Buch nicht in einem Rutsch durchlesen. Du darfst auch Pausen machen. Und du darfst sogar beschließen, dass Du Dich so intensiv erst mit der gesetzlichen (Früh-)Rente beschäftigen willst, wenn Du Deinen grundsätzlichen Finanzplan schon mal stehen hast. Du kannst Dich gut auch erst im Anschluss mit den Feinheiten und „Was wäre, wenn"-Alternativen beschäftigen. Ich will nur, dass Du dann weißt, wo es steht und wie es berechnet wird.)

Da Gloria jetzt ja länger arbeitet, bekommt sie auch für die 3 Jahre jeweils ihre 1,9 Rentenpunkte mehr. Sie verliert also statt der oben ausgerechneten 13,3 Rentenpunkte (7 mal 1,9) nur 7,6 (4 mal 1,9) Rentenpunkte. Diese 7,6 Rentenpunkte sind – Stand 2019 – mal 32,03 Euro gerechnet insgesamt 243,- wert, die wir von der Ursprungs-Rente von 2.712,- Euro abziehen müssen. Ihre nicht gesteigerte Rente – noch ohne Strafabschlag und ungesteigert – beträgt also 2.469,- Euro ab dem 67. Lebensjahr.

Da Gloria die Rente aber schon ab 63 beziehen möchte, müssen wir besagte 14,4 % Strafabschlag abziehen, das sind gut 355,- Euro. Ab 63 Jahren bekommt sie also eine Rente von 2.113,46 Euro plus Steigerung. Sie steigt in den 28 Jahren bis zu Glorias 63. Geburtstag um jeweils 1 % im Jahr, aus den 2.113,46 Euro werden also bis dahin knapp 2.800,- Euro.

„Nun gut“, denkt sich Gloria, „gesamt macht das dann statt die ursprünglichen 3.728,- monatlich für 26 Jahre eben 2.800,- monatlich auf 30 Jahre. Platt addiert stehen sich gut 1,163 Millionen dann 1,008 Millionen gegenüber – ich kann aber 4 Jahre früher aufhören und muss nichts überbrücken. Aber prinzipiell kommt das alles so nicht wirklich gut hin.

Ich rechne es jetzt nochmal von vorne, so, als würde ich bis 67 arbeiten. Die Rechnerei geht ja wirklich schnell, jetzt, wo ich meine Zahlen kenne.

Außerdem – ganz aus der Welt ist das ja dann noch lange nicht, das mit dem ‚mit 60 Aufhören‘. Es gibt ja wohl auch Mittelwege dazwischen, z. B. ab 60 die Arbeitszeit reduzieren. Und ich kann ja tatsächlich noch so viel Geld ansparen, dass ich den Verlust aus der Gesetzlichen mit Privatvermögen ausgleichen kann."

Sie überlegt weiter:

"Tja, das sind alles Varianten, über die man ja Bescheid wissen will und die man rechnen muss, soll und kann. Kein Wunder, dass es Sinn macht, das alles selbst rechnen zu können – einen Berater würde ich ja mit meinen ganzen Überlegungen in den Wahnsinn treiben, davon abgesehen, dass das ja gar nicht alle Bank- und Versicherungsmenschen rechnen können."

**Auf ein Neues – Wiederholung schärft den Geist und schult die Routine**

Gloria seufzt. Gut also. Dann rechnet sie die Must-have-Rente doch erst mal in der harten Variante. So, als würde sie bis 67 arbeiten.

Sie nimmt ein neues Blatt Papier und schreibt auf:

- Persönliche Inflation: 4,5 %
- Must-have-Rente: 1.900 ,- Euro brutto
- Zeit bis zur Rente: jetzt 32 Jahre (statt 60 jetzt 67)
- Wert der Must-have-Rente dann 7.770,- Euro

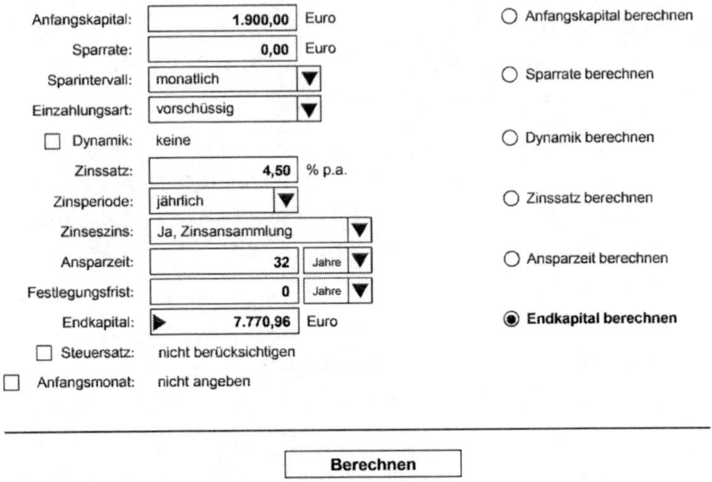

| | | | |
|---|---|---|---|
| Anfangskapital: | 1.900,00 | Euro | Anfangskapital berechnen |
| Sparrate: | 0,00 | Euro | Sparrate berechnen |
| Sparintervall: | monatlich | | |
| Einzahlungsart: | vorschüssig | | |
| Dynamik: | keine | | Dynamik berechnen |
| Zinssatz: | 4,50 | % p.a. | Zinssatz berechnen |
| Zinsperiode: | jährlich | | |
| Zinseszins: | Ja, Zinsansammlung | | |
| Ansparzeit: | 32 | Jahre | Ansparzeit berechnen |
| Festlegungsfrist: | 0 | Jahre | |
| Endkapital: | 7.770,96 | Euro | **Endkapital berechnen** |
| Steuersatz: | nicht berücksichtigen | | |
| Anfangsmonat: | nicht angeben | | |

**Berechnen**

Okay, es war ja klar, dass die Summe dann noch größer ausschaut. Dafür müsste die Gesamtsumme aber dann doch jetzt kleiner werden, immerhin muss sie ja jetzt 7 Jahre kürzer von der Rente leben.

- Altersinflation bleibt bei 3,5 %
- Alterszins bleibt auch bei 4,5 %
- Lebensalter bleibt ebenfalls bei 93 (hey, darüber wird sie nicht mit sich diskutieren!), also muss die Rente 26 Jahre gezahlt werden.

Ja, was ist das denn für ein Mist, wieso ist die Gesamtsumme denn jetzt schon wieder höher, obwohl sie doch viel länger arbeitet? Von 1,9 Millionen auf 2,1 Millionen, obwohl sie viel kürzer davon leben wird?!

## FINANZPLANRECHNEN V

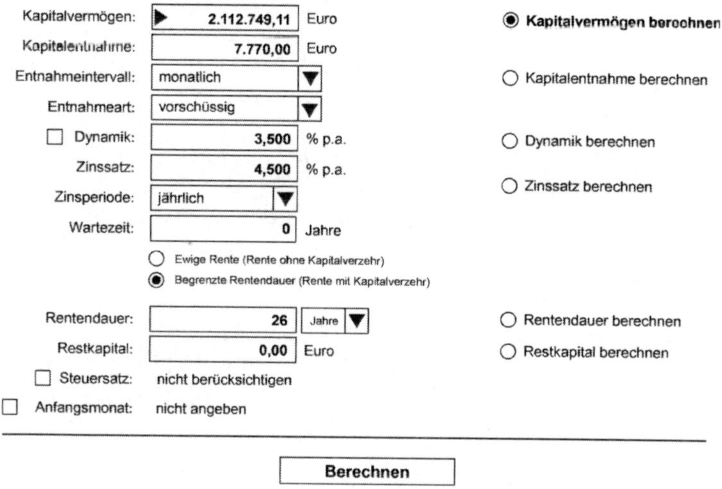


### Kleiner Reminder: Wir können nicht schätzen

Ich weiß, ich weiß, der ein oder andere Leser wird spätestens jetzt beginnen, mich nicht mehr leiden zu können. Ich bitte vielmals um Entschuldigung, aber das muss sein. In der Altersvorsorgeplanung ist es unabdingbar notwendig, dass wir uns das Schätzen abgewöhnen.

Es liegt in der Natur des Menschen zu versuchen, möglichst bequem zu Entscheidungen zu gelangen. In der Finanzwelt führt das oft dazu, dass wir einem Berater oder einem Computerprogramm vertrauen, dass wir gerne standardisierte Verfahren abarbeiten und: dass wir eben gerne schätzen.

Glorias Irrweg soll Dir dabei helfen, wirklich anschaulich zu verstehen, wie gefährlich es ist, uns bezüglich unserer Zukunft und unserem Geld auf unsere vermeintliche Erfahrung und Intuition zu verlassen.

Wir *können* keine Erfahrung damit haben, wie viel es gekostet hat, 26 Jahre lang in Rente gewesen zu sein.

Und unsere Intuition betrügt uns sowieso alle Nase lang, sobald es um Zahlen geht – unser Gehirn *kann* nicht in Potenzen denken.

Glorias Bedarf ist deswegen um gut 200.000,- Euro größer, weil ihr Kapital, welches ja immerhin 1 % Netto-Gewinn im Jahr macht, weniger Zeit hat, diesen Gewinn zu mehren.

Was also auf der einen Seite gut ist – sprich, sie braucht weniger Kapital, weil sie kürzer davon zehren muss –, ist auf der anderen Seite schlecht, denn es gibt weniger Anlagegewinne.

Es hilft einfach nichts: Wir müssen rechnen. Immer wieder. Und immer wieder von vorne.

Lasst uns Gloria begleiten, wenn sie ihre bereits vorhandene gesetzliche Rente abzieht, denn dort macht sich das längere Arbeiten durchaus positiv bemerkbar.

# ZAHLEN MÜSSEN SCHMELZEN …

Gloria rechnet jetzt den Wert ihrer gesetzlichen Rente insgesamt aus, ohne Abzüge, voll einbezahlt bis zum Schluss. Sie will jetzt auch endlich mal etwas abziehen können von ihren – neuerdings – 2,1 Millionen.

Der Wert ihrer gesetzlichen Rente wird also 3.728,- Euro betragen. Diese Rente wird jedes Jahr weiterhin um 1 % gesteigert, ihre persönliche Altersinflation liegt bei 3,5 %. Sie bekommt die Rente 26 Jahre lang.

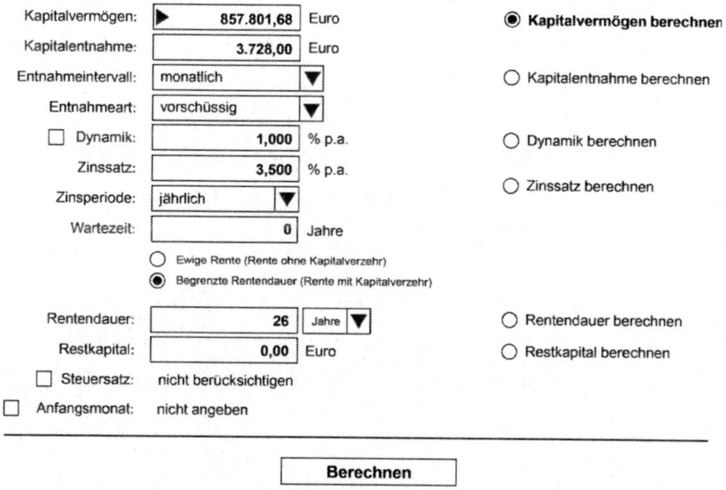

Ihre gesetzliche Rente ist also knapp 858.000,- Euro wert, das ist eigentlich gar nicht so wenig.

Was hat sie noch? Sie möchte weitere Zahlen abziehen können!

Jetzt kommt ihre betriebliche Altersversorgung, bei ihr im öffentlichen Dienst heißt diese Altersversorgung ja „Zusatzversorgungskasse".

Sie weiß, dass diese Versorgungskasse so ähnlich funktioniert wie die gesetzliche Rente und dass sie wegen Einsparungen in den Sozialabgaben und dem Arbeitgeberzuschuss nicht so viel aus ihrem Nettogehalt selbst einzahlt – also hat sie es damals einfach gemacht, als es ihr angeboten wurde.

Wenn sie mit der Geschichte hier fertig ist, muss sie sich doch mal genauer damit beschäftigen, aber nicht jetzt.

Jetzt will sie erst mal wissen, wie viel das Ding wert ist – bzw. wert sein wird.

Sie kramt die letzte Meldung der Zusatzversorgung raus. Da steht: Wenn alles so läuft, wie es laufen soll, so bekommt sie mit 67 (schon wieder!) eine Zusatzrente von 1.237,- Euro.

Gut. Wenn diese Versorgungskasse genauso funktioniert wie die gesetzliche Rente, kann sie sie auch genauso behandeln. Sie rechnet wieder:

- Ihre erwartete Zusatzrente: 1.237,- Euro
- Die erwartete Steigerung: 1 % p. a.
- Die Laufzeit bis 67: noch 32 Jahre

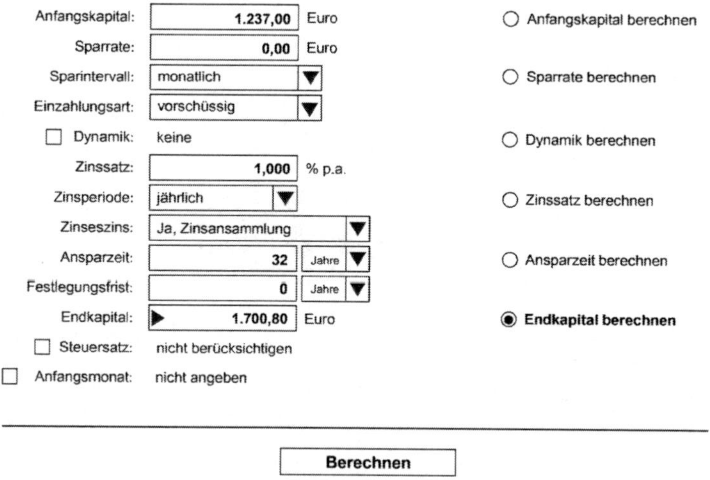


Wunderbar, weitere 1.700,- Euro, die ihr schon mal sicher sind. Wenn da bloß nicht diese dämliche Inflation wäre, die ihr immer wieder alles zerschießt. Unglaublich eigentlich, dass das niemand so richtig einplant – es ist ja dann kein Wunder, dass die Altersarmut immer mehr an Gewicht gewinnt.

Weiter im Text:

- Altersinflation bei 3,5 %
- Steigerung weiter 1 %
- Zusatzrente 1.700,- Euro
- Auszahlungszeitraum 26 Jahre

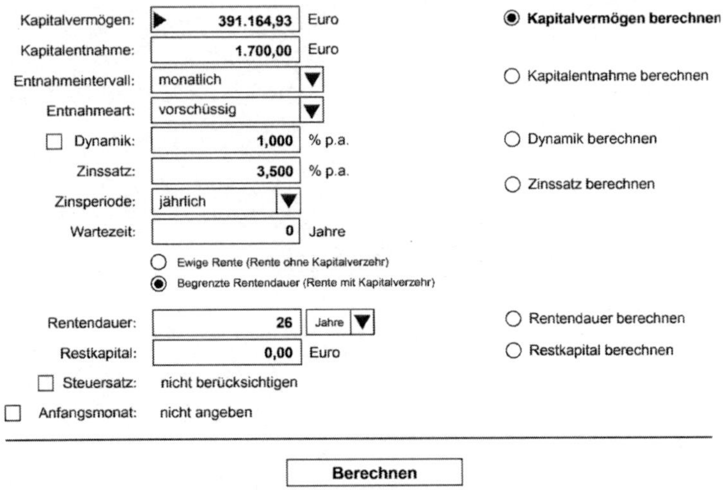

| | | | |
|---|---|---|---|
| Kapitalvermögen: | 391.164,93 | Euro | ◉ **Kapitalvermögen berechnen** |
| Kapitalentnahme: | 1.700,00 | Euro | |
| Entnahmeintervall: | monatlich | | ○ Kapitalentnahme berechnen |
| Entnahmeart: | vorschüssig | | |
| ☐ Dynamik: | 1,000 | % p.a. | ○ Dynamik berechnen |
| Zinssatz: | 3,500 | % p.a. | ○ Zinssatz berechnen |
| Zinsperiode: | jährlich | | |
| Wartezeit: | 0 | Jahre | |
| | ○ Ewige Rente (Rente ohne Kapitalverzehr) | | |
| | ◉ Begrenzte Rentendauer (Rente mit Kapitalverzehr) | | |
| Rentendauer: | 26 | Jahre | ○ Rentendauer berechnen |
| Restkapital: | 0,00 | Euro | ○ Restkapital berechnen |
| ☐ Steuersatz: | nicht berücksichtigen | | |
| ☐ Anfangsmonat: | nicht angeben | | |

**Berechnen**

Nicht ganz 400.000,- Euro. Immerhin. Es läppert sich so langsam.

Als Letztes hat sie noch eine private Rentenversicherung. Auch mit dem Teil hat sie sich seit dem Abschluss nicht großartig beschäftigt – und das ist auch schon gut 16 Jahre her.

Damals hatte ihr Vater sie schwer gedrängt, diese Versicherung doch zu machen, er hat behauptet, das wäre ein richtig gutes Geschäft.

Er hat sogar die ersten Jahre die Beiträge bezahlt, als sie noch in der Ausbildung war. Sie hat das später dann einfach so übernommen und dem geschenkten Gaul nicht ins Maul geschaut.

Wenn sie sich die Unterlagen so ansieht, hat sie an dem „guten Geschäft“ zwar zwischendurch mal immer wieder gezweifelt, aber auch Claude hat gesagt: „Behalte den Vertrag! Er ist zwar nicht wahnsinnig günstig und modern, aber ganz furchtbar ist er nicht.

Außerdem ist er in der Auszahlung noch steuerfrei, das sind die neuen Produkte von heute alle nicht mehr.“

Es ist eine ganz klassische Rentenversicherung mit einer Dynamik von jährlich 5 %. Angefangen hatte sie damals mit 100 Euro Beitrag, heute zahlt sie gut 218,- Euro im Monat ein.

Auf der Jahresmeldung steht, sie kann mit 65 Jahren (juhuu, endlich mal ein Produkt, welches damit rechnet, dass sie nicht bis 67 arbeiten geht!) entweder eine erwartete Einmalzahlung von ca. 316.000,- Euro rausziehen oder sich eine lebenslange feste Rente von 1.251,- Euro auszahlen lassen.

Claude hat gesagt, entscheiden, welche Auszahlungsform sie will, kann sie, kurz bevor es so weit ist, das braucht sie heute noch nicht festlegen.

Gloria entscheidet sich, es sich in diesem Fall einfach zu machen und die einmalige Kapitalauszahlung für ihren Finanzplan anzunehmen. Ihre Idee dahinter: Wenn sie die Versicherung ja mit 65 Jahren schon bekommt, aber noch zwei Jahre arbeitet und das Geld nicht braucht – dann kann sie es ja auch anlegen.

Sie ist begeistert von ihrer eigenen Klugheit und rechnet aus: 316.000,- mit dem vorsichtigen Alterszins von 4,5 % auf zwei Jahre gerechnet ergibt 345.079,- Euro.

(Das kannst Du mit dem Sparrechner nachrechnen, wie es geht, weißt Du jetzt ja sicher.)

Jetzt ist Gloria fertig mit den Dingen, die sie bereits bespart. Es ist Zeit für den großen Kassensturz: Genügt ihr das alles, um ihren grundsätzlichen Lebensstandard zu sichern?

Ganz gespannt tippt Gloria ein:

2.112.743,- Euro Gesamtbedarf zum 67. Geburtstag

- minus 857.801,- Euro gesetzliche Rente, gesteigert und inflationiert
- minus 391.164,- Euro betriebliche Altersversorgung, gesteigert und inflationiert
- minus 345.079,- Euro aus Kapitalauszahlung Rentenversicherung -> 518.699,- Euro fehlen ihr noch.

So ein wirkliches Glücksgefühl will sich jetzt aber nicht einstellen, Gloria ist enttäuscht.

So wenig macht sie doch jetzt auch nicht für ihre Altersvorsorge! Sie hatte sich eigentlich immer eingebildet, mit ihren gut 200,- Euro Privatvorsorge und dem, was ihr vom Nettogehalt noch für die Betriebliche abgezogen wird (rund 100,- Euro sind das), wäre sie schon ganz gut dabei. Offensichtlich hat sie sich da böse verkalkuliert.

Für heute reicht es ihr.

Sie geht jetzt erst mal sporteln und ihr überschüssiges Adrenalin abbauen.

Und dann: heute Abend trifft sie sich mit ihren Mädels und es wird Cocktails geben.

Viele Cocktails.

Sie wird Simone heute Abend mal was erzählen!

Von wegen Finanzplan!

So, wie das aussieht, muss sie ja ihr ganzes Spargeld, was eigentlich für ihren Luxus jetzt und immerdar geplant war, schon für die grundsätzliche Altersvorsorge einsetzen.

Mensch, so war das alles nicht gedacht!

# VOM UMGANG MIT ENTTÄUSCHUNGEN BEIM FINANZPLANRECHNEN

An dieser Stelle überlassen wir Gloria ihrem Frust. Soll sie ihn mal in ein paar netten, überteuerten Cocktails ertränken, wir bekommen das alles schon noch hin.

Ich habe schon mit hunderten Menschen hunderte dieser Finanzpläne gerechnet und bei fast allen kommt es an irgendeinem Punkt zu einer gewissen Form der (kurzen!) Hoffnungslosigkeit und Wut.

Wenn du selbst mit Deinen Zahlen bis hierhin mitgerechnet hast und es bei Dir so ausschaut, dass Deine grundsätzliche Altersversorgung schon über die sicheren Rentenlösungen abgedeckt ist, so gehörst Du beglückwünscht: Du bist eine Seltenheit und Du hast wirklich alles im Rentenvorsorgebereich richtig gemacht!

Überblättere doch einfach die nächsten Seiten und steige wieder mit ein, wenn wir weiter rechnen.

Wenn Du Dich jetzt aber eher wie Gloria fühlst oder es Dir von vornherein schon klar war, dass es bei Dir nicht aufgehen kann, weil Du noch überhaupt nichts für Deine Altersvorsorge getan hast, so warte noch ein wenig, bevor Du dieses Buch in die Ecke pfefferst.

Zuerst aber kannst Du Dich entscheiden, welchen der beiden möglichen Wege Du einschlagen willst, um mental mit dieser Art Enttäuschung umzugehen:

# DER EINE WEG

Es wird Gründe geben, warum Du heute da stehst, wo Du stehst.

Es kann sein, dass Du einfach nicht gewusst hast, dass Du hättest ganz früh in ausreichender Höhe sparen und vorsorgen müssen.

Es kann sein, dass Dich eine falsche Partnerwahl – sprich, eine Scheidung – finanziell arg in Mitleidenschaft gezogen hat, so dass Du auf keinen grünen Zweig kamst.

Es kann sein, dass Du wegen der Kinder zu Hause geblieben bist und nicht sparen konntest.

Möglich ist auch eine schiefgegangene Selbstständigkeit oder eine, die eben nicht genug abwirft, um auch noch eine Altersversorgung zu bezahlen.

Vielleicht warst Du gesundheitlich lange Zeit nicht auf der Höhe und hast Deine Rücklagen aufbrauchen müssen, schwierige Zeiten zu überstehen.

Vielleicht hattest du auch Pech mit dem Arbeitgeber, wurdest schlecht bezahlt oder hast einfach einen Beruf, in dem es nicht möglich war, großartig Geld zu sparen.

Vielleicht war es auch eine Kombination aus vielen dieser Dinge.

Egal, was es war oder ist:

Du hast jetzt die Möglichkeit, den anderen Weg zu gehen, indem Du damit abschließt und neu anfängst.

Oder Du entscheidest Dich, auf dem bisherigen Weg zu bleiben, Dich in „die Umstände" zu fügen und das beste daraus zu machen.

Du wirst bestimmt schon das ein oder andere Buch gelesen haben, in dem Dir ganz klar gesagt wird, dass nur der Abschluss und Neuanfang der eine Weg sein wird, der Dich zu Deinem Ziel bringen wird.

Dem möchte ich widersprechen:

Ich finde, beide Wege sind absolut legitim – solange Du Deinen Weg bewusst wählst und ihm dann auch mit frohem oder zumindest gelassenem Herzen folgst.

# WER BIN ICH, DASS ICH DIR SAGE, WAS RICHTIG IST?

Wenn Du Dich bewusst dazu entscheidest, dass Du keinen Weg siehst, Deine eigenen errechneten Ziele jemals auch annähernd erreichen zu können, dann bleibt Dir nichts, als Dich darin zu ergeben, dass Dich der Staat, unter Umständen Deine Kinder und die Allgemeinheit unterstützen werden.

Dazu sind unsere, trotz allem sehr gut funktionierenden, Sozialsysteme da.

Es gibt Schicksale und Lebensumstände, die so verquer sind, dass es ohne Lottogewinn und mit viel Anstrengung allenfalls möglich ist, aus eigener Kraft die Rente vielleicht nur um 50,- Euro aufzustocken, die dann womöglich auch noch auf die Grundsicherung angerechnet werden.

Wenn Du also heute schon recht alt bist und weißt, dass Du in den wenigen arbeitsfähigen Jahren, die noch vor Dir liegen, keine Idee eines Zusatz-Einkommens für durchführbar halten wirst und keine Möglichkeit einer Lebensänderung Dir außer Angst auch Zuversicht entlockt – dann ist für Dich jetzt tatsächlich der Punkt gekommen, dieses Buch zu schließen und nicht weiter zu rechnen.

Das Einzige, worum ich Dich dann bitte, ist Folgendes: Mach auch da das Beste für Dich und Deine Umwelt daraus. Übernimm die Verantwortung für diese Entscheidung und versuche, gut und zufrieden damit zu leben.

Ich habe alte Frauen kennengelernt, die mit 600,-/ 700,- Rente ohne zusätzliche Grundsicherung (die ihnen zugestanden hätte!) über die Runden kommen und die ihrem Leben ganz viel Positives abgewinnen können.

Ich kenne einen Frührentner, der auf Grundsicherung aufstocken muss und der seinen Tag mit Freude damit verbringt, ehrenamtlich in einem Sozialkaufhaus auszuhelfen – mit der Begründung, er müsse doch diejenigen unterstützen, denen es viel schlechter geht als ihm.

Verstehe mich bitte richtig, natürlich schlage ich Dir hier nicht vor, dass du Mutter Theresa oder Vater Gandhi werden sollst! Aber ich bitte Dich darum, die Verantwortung für Dein eigenes Wohlergehen zu übernehmen. Niemand ist „daran schuld", dass Deine Umstände so sind, wie sie sind.

Alle Deine Entscheidungen in Deinem Leben – angefangen bei der Berufs- und Partnerwahl bis hin, was Du heute Abend essen wirst – sind auch finanzielle Entscheidungen, die am Ende Einfluss darauf haben, wie Du Deine Rente verbringst.

Tu Dir also selbst den Gefallen, Dir Deine kostbare Lebenszeit weder heute noch morgen damit zu vergällen, falschen Entscheidungen hinterherzutrauern oder anderen die Verantwortung dafür zuzuschieben. (Du hast sie damals ja nicht absichtlich falsch getroffen!)

Es ist Deine Entscheidung, ob Du auch mit Grundsicherung oder Minirente ein gutes Leben führst. Das Leben ist zu kurz, um es mit Jammern, Neid und Zorn zu verbringen.

# DER ANDERE WEG

Du schließt ab und fängst neu an. Ab heute beginnt ein neues Leben.

Was sich gerade furchtbar pathetisch liest, ist mein voller Ernst. Denn auch ein neues Leben fängt mit einem kleinen Denkschritt in Deinem Kopf an.

Du kannst Dich jetzt und hier (oder auch morgen oder übermorgen, wann immer Du dazu bereit bist, manchmal dauert es etwas) entscheiden, den Stier bei den Hörnern zu packen und es anzugehen.

Bereue nicht die finanziellen (Fehl-)Entscheidungen in der Vergangenheit, das ist völliger Unsinn. Du hast diese Entscheidungen ja nicht in dem Wissen getroffen, dass sie falsch waren. Du hast das getan, was Dir nach damaliger Kenntnis der Faktenlage sinnvoll erschien:

- Du hast den Beruf gewählt, den Du wählen wolltest – ob deine Eltern da eine Rolle mitgespielt haben oder ob Du nur danach geschaut hast, ob Du „sicher unter“ bist, heute ist es egal.
- Du hast den Partner ausgewählt, den Du damals für den richtigen hieltest.
- Du hast die Kinder bekommen, die Dir geschenkt wurden und Du hast entschieden, dass es richtig ist, zu Hause zu bleiben oder nur Teilzeit arbeiten zu gehen und dafür lieber Elternteil zu sein – alles genau so und genau auf die Art, wie es Dir damals richtig

erschien und wie es zu diesem Zeitpunkt auch richtig war.

Wenn Du Dich jetzt darauf einlässt, einen Schlussstrich unter Deine finanzielle Vergangenheit zu ziehen, ein neues Finanzleben zu beginnen, wird sich Dein Horizont erweitern und Dir werden sich neue Wege auftun.

Am Ende dieser Rechnerei, wenn Dein Lebensplan fertig ist, wird da eine Zahl an Geld stehen, die Du monatlich zurücklegen solltest. Diese Zahl mag Dir vielleicht vollkommen utopisch erscheinen oder hart an der Grenze zu Phantasie – *aber diese Zahl wird nicht mehr verschwinden.*

Diese Zahl wird in Deinem Kopf Wurzeln schlagen, wenn Du ihr den Nährboden bereitest und es zulässt. Sie wird bei all Deinen zukünftigen Überlegungen und Entscheidungen im Hinterkopf präsent sein. Du wirst ein ganz neues Geld-Denken entwickeln.

In der Folge dieses Prozesses wirst Du es dann vielleicht zulassen, dass Du Möglichkeiten siehst, wo vorher hauptsächlich Probleme waren: Vielleicht wirst Du Geschäftsideen entwickeln, die von der albernen Spinnerei bis zum weltumspannenden Imperium reichen – hey, wenn nur eine davon wirklich gut ist, brauchst Du nur noch den Mut, sie umzusetzen.

Vielleicht sprichst du bei der nächsten Gehaltsverhandlung ganz anders mit Deinem Chef und bekommst deutlich mehr, als du vor dem Wissen um deine persönliche Inflation jemals erwartet hättest.

Vielleicht entdeckst Du Deine Liebe zu den Finanzmärkten und wirst zum Aktionär, der später regelmäßige Einkünfte aus Dividenden generiert.

Es gibt unzählige Möglichkeiten zu erreichen, was Du erreichen willst (oder zumindest in die Nähe dessen zu kommen).

Lasst uns mal sehen, wie Gloria mit ihrer Enttäuschung umgeht.

# EINE FINANZIELLE LEBENSGESCHICHTE, TEIL IV, FINANZPLANRECHNEN VI

## EIN COCKTAILABEND MIT FOLGEN

Am Montag geht es Gloria wieder deutlich besser. Sie hat ihren Vorsatz wahr gemacht, zu viele Cocktails zu trinken und Simone den Kopf zu waschen.

Erstaunlich war allerdings, dass Simone gar nicht angemessen betroffen reagiert hat, als Gloria erzählt hat, dass sie es überhaupt nicht lustig findet, bis 67 arbeiten zu müssen und auch noch über 500.000,- Euro zur Seite legen soll. Simone hat nur freundlich gelächelt. Und dann hat sie gefragt, wie viel Gloria denn momentan so monatlich auf die Seite legt (als ob sie das nicht wüsste, sie haben ja schon mehrmals darüber geredet)?

„Ziemlich viel von dem, was ich freitags verdiene, gut 500,- Euro, das weißt Du doch!“, hat Gloria sie angeschnauzt. „Und wie legst Du das Geld an, liebste Gloria?“, fragt die immer breiter grinsende Simone weiter.

„Aufs Tagesgeld, Du weißt doch, dass ich keine Zeit und keine Lust habe, mich damit großartig zu beschäftigen. Ich will das ja noch tun, aber zuerst mache ich diesen Plan jetzt fertig. Du hast doch gesagt, ich brauche zuerst ein Ziel, damit ich eine Richtung finde, wie ich es anlegen will!“

Die anderen Mädels sind etwas erstaunt über den rauen Ton, der heute zwischen den besten Freundinnen herrscht, die anderen Gespräche verstummen.

Simone fragt weiter: „Und, was hast Du denn bis jetzt auf diesem Tagesgeld liegen?"

„Knapp 100.000,- Euro. Auch das weißt Du!", grummelt Gloria, während die anderen große Augen machen. Sie wissen natürlich von Glorias Job, aber dass sie bei dem luxuriösen Leben, das sie führt, trotzdem schon so viel Geld zur Seite gelegt hat, erstaunt sie dann doch.

„Na gut, dann lass uns doch mal rechnen!", lacht Simone jetzt offen und zückt aus ihrer Handtasche diesen vermaledeiten kleinen Finanzrechner, den sie immer mit sich rumschleppt. Das kann ja wohl nicht wahr sein – welche geistig gesunde Frau nimmt denn in eine Cocktailbar einen Taschenrechner mit???

Nachdem sich alle darüber einig sind, dass Simone bekloppt sein muss, tippt sie schnell ein: „ Also, Du hast heute schon 100.000,- auf dem Konto und machst monatlich noch 500,- Euro aus dem Tanzjob dazu, ja? Und den Job macht du noch, sagen wir mal 6 Jahre, okay?"

„Ja, das habe ich vor. Mal sehen, wie es läuft, aber ja. Aber dann bin ich bei gut 136.000,- Euro, da komme ich nicht sehr weit mit."

„Schätzelein, wenn Du Dein Geld dann jetzt mal tatsächlich anlegst – und bleiben wir nur mal bei Deinem gemäßigten Alterszins von 4,5 %, dann kommst Du, – selbst wenn Du nach dem Nebenjob keinen Cent mehr dazu sparen würdest – schon locker auf über 538.000,- Euro bis zur Rente! Du hast überhaupt kein Problem, Du stehst nur völlig auf dem Schlauch! Du kannst das Kapital doch für beides einsetzen – und alles, was Du zusätzlich einsparst, und alles, was über Deinen 4,5 % an Rendite rauskommt, ist doch automatisch schon für Dein ‚flauschiges Leben' im Alter! Küsschen, Süße, gern geschehen!"

Manchmal ist Simone echt blöd. Offensichtlich hat sie früher zu viel „Sex at the City" geguckt.

Gloria ist verdutzt. Ja, stimmt schon, sie hatte nicht weitergerechnet. Aber ihre Ersparnisse wollte sie ja schließlich nicht für das Must-have-Leben einsetzen, die sollten für das schöne Leben sein.

Aber natürlich ist es eigentlich egal, wie herum sie es rechnet: Das vorhandene Kapital ist der Grundstock für alles.

Und weitersparen wird sie ja sowieso, nach den neuesten Erkenntnissen sogar mehr und motivierter denn je.

„Und trotzdem, *Frau Simone*, ich hänge jetzt in meinem Job fest, bis ich 67 bin. Das hatte ich mir so nicht vorgestellt!", beharrt Gloria weiter auf ihrer schlechten Laune. Sie will Simone nicht kampflos die Genugtuung geben, mal wieder recht gehabt zu haben mit ihrer blöden Rechnerei.

Dummerweise hatte sie nicht an die anderen Mädels gedacht, die sich nun auch auf das Thema eingeschossen haben:

„Hey, stell Dich mal nicht so an! Ich habe wegen der Kinder 6 Jahre pausiert, bis ich das alles aufgeholt habe, muss ich ganz schön die Pobacken zusammenkneifen! Zum Ausgleich hat mein Dieter zwar eine nette Rentenversicherung für mich abgeschlossen und bezahlt sie alleine

– aber aufgehen tut das sicher nicht. Deshalb haben wir doch diese kleine Eigentumswohnung in der Stadt gekauft und vermieten sie!"

„Oh, Gloria, Du jammerst aber echt auf hohem Niveau! Du hast doch die idealen Voraussetzungen: Anfangskapital ohne Ende, geniale Zuverdienst-Möglichkeiten und noch dazu ein sicherer Job als Baseline. Schau Dich halt mal um, was Du daraus alles machen kannst!"

„Und außerdem: Wenn du jetzt schon 500,- Euro im Monat einfach so sparst, weil du sie nicht brauchst – wenn du mal schaust, was Du tatsächlich sparen könntest, wenn Du mal drauf achtest, was und wie viel Du kaufst, da käme sicherlich noch ein rechter Batzen zusammen! Du kannst mir nicht erzählen, dass die ganzen Schuhe, die du hast, wirklich ein Herzensthema oder Hobby von dir sind!"

So und so ähnlich ging es dann weiter. Wenn sie ja nicht wüsste, dass alle sie wirklich lieb haben, hätte sie sich vielleicht angegriffen gefühlt – so aber war klar, dass es nicht darum ging, sie zu kritisieren oder klein zu machen.

Ein Spruch ist ihr dabei besonders im Gedächtnis geblieben, sie weiß leider nicht mehr, von wem er kam: „Und mit der Tanzerei könntest Du ja noch viel mehr Geld verdienen! Ich kenne niemanden, der da so viel Spaß dran hat wie du und der das auch noch so rüberbringt!"

Sie hat dann die halbe Nacht überlegt, ob sie mehr als ihre 3 Freitage im Monat arbeiten soll, aber allein bei dem Gedanken daran bekommt sie einen Knoten in den Bauch. Ob es ihr dann noch so viel Spaß machen würde, wenn sie sich noch mehr und nur wegen des Geldes verpflichtet?

Aber was draus machen – irgendwie mehr – könnte sie bestimmt. Vielleicht sollte sie mal überlegen, das Go-go-Tanzen auch anderen Frauen (und auch Männern, warum nicht?) beizubringen. Die Mädels hatten bisher immer einen Riesenspaß dabei, wenn sie es ihnen mal im privaten Kreis gezeigt hatte. „Und gerade Simone, die sonst immer so steif in den Hüften ist, ha! Da musste auch sie sich mal den Stock rausziehen…", grinst sie sich eins.

Sie muss diese Idee mal mit Michael bequatschen, der hat für solch abgefahrenen Sachen ja immer was übrig. Und er ist ein Mann, eine andere Sichtweise, noch dazu aus einer Lifestyle-Branche, kann nur hilfreich sein. Vielleicht fällt ihm dazu ja das ein oder andere ein. Bei der Gelegenheit kann sie ihm dann auch gerade offenbaren, dass sie ihn heimlich als „finanzielles Versuchskaninchen" benutzt hat und dass er seine Zahlen aus seinem Riester und seiner Rentenversicherung mitbringen soll.

**Dazwischen**

In der Wartezeit bis zum Treffen mit Michael hat Gloria mal nachgerechnet, was Simone da in der Cocktailbar so auf die Schnelle hingezaubert hat. Sie hat die Sachlage ein wenig umgedreht, damit sie weiß, welcher Anteil ihres zukünftigen Spargeldes noch für die Grundsatzrente benötigt wird und welcher Anteil dann frei ist, doch noch ihre FF–Rente („früh und flauschig") zu erwirtschaften.

Auf ihrem Finanzplan steht nun:

- Kapital heute = 100.000,- Euro
- Kapital in 32 Jahren, Must-have-Differenz, die noch fehlt = 518.000,-
- Angenommener Zins: 4,5 %
- Welcher Anteil ihrer Sparrate entfällt also auf das Must-have-Kapital?

| | | | |
|---|---|---|---|
| Anfangskapital: | 100.00,00 | Euro | ○ Anfangskapital berechnen |
| Sparrate: | 129,14 | Euro | ◉ **Sparrate berechnen** |
| Sparintervall: | monatlich ▼ | | |
| Einzahlungsart: | vorschüssig ▼ | | |
| ☐ Dynamik: | keine | | ○ Dynamik berechnen |
| Zinssatz: | 4,500 | % p.a. | ○ Zinssatz berechnen |
| Zinsperiode: | jährlich ▼ | | |
| Zinseszins: | Ja, Zinsansammlung ▼ | | |
| Ansparzeit: | 32 | Jahre ▼ | ○ Ansparzeit berechnen |
| Festlegungsfrist: | 0 | Jahre ▼ | |
| Endkapital: | ▶ 518.000,00 | Euro | ○ Endkapital berechnen |
| ☐ Steuersatz: | nicht berücksichtigen | | |
| ☐ Anfangsmonat: | nicht angeben | | |

**Berechnen**

Nur 130,- Euro, das ist ja perfekt! Das schafft sie immer!

Sie könnte jetzt ja nochmal ein wenig rumspielen, um wie viele Jahre früher sie in Rente gehen kann, wenn sie die gesamten 500,- Euro dauerhaft dafür einsetzt, sie schätzt, 2 oder 3 Jahre früher wird das schon sein … Aber nein, sie schätzt es lieber doch nicht, mittlerweile hat sie ja kapiert, dass das böse ins Auge geht. Aber ein wenig früher wird es auf jeden Fall sein, davon kann sie ja mal guten Gewissens ausgehen.

Sorgen machen muss sie sich jedenfalls nicht, das hat sie mittlerweile verstanden: Wenn sie nicht vollkommen unbedacht mit ihrem Geld umgeht, kann ihr eigentlich nichts mehr passieren.

Im Gegenteil!

Jetzt, wo sie den Weg mal eingeschlagen hat, kann sie gar nicht mehr zurück!

Sie hat sich schon selbst dabei ertappt, momentan vom galoppierenden Geiz befallen zu sein und um all ihre Boutiquen, an denen sie sonst nicht vorbeigehen konnte, einen großen Bogen zu machen. Kleider hat sie nun wirklich genug im Schrank!

Sie überlegt sogar, ob sie sich selbst so einer „Challenge“ stellen soll, von denen sie im Netz gelesen hatte.

Da gibt es coole Ideen, wie zum Beispiel: „1 Jahr keine neuen Kleider kaufen!“ oder „Nur 1-mal die Woche Fleisch essen!“, „Keine Lebensmittel mehr wegwerfen (und damit höchst bewusst planen und einkaufen)!“ oder „Eine Sparquote von 50 % des Einkommens erreichen!“ usw.

Obwohl: Das mit der Sparquote scheint ihr doch ein wenig zu übertrieben. Ein wenig Leben für die ganze Arbeit scheint ihr auch ein gerechter Lohn zu sein – immer nur an später denken kann auch nicht das Gelbe vom Ei sein.

Aber das kann ja jeder selbst entscheiden.

Die Idee jedenfalls, ein finanzielles Ziel in einer Gruppe auf eine bestimmte Zeit zu verfolgen, scheint ihr ziemlich reizvoll.

# EIN NEUER ANFANG

Als Michael kommt, hat er seinen ganzen Ordner mit Finanzunterlagen dabei, Gloria staunt nicht schlecht. Alles pieksauber abgeheftet, super sortiert und mit einem Inhaltsverzeichnis mit Ansprechpartnern und Nachlassregelungen versehen.

Offensichtlich hat er sich schon deutlich stärker mit seinen Finanzen befasst, als Gloria angenommen hatte – wieder einmal stellt sie fest, dass man die eigenen Leute doch nochmal ganz anders kennenlernt, wenn es ums Geld geht.

Als sie Michael ihre Berechnungen seines Lebens offenbart, ist er zum Glück nicht beleidigt. Vielmehr findet er es ziemlich spannend, was sie sich da alles ausgedacht hat, denn sie liegt erstaunlicherweise gar nicht so verkehrt mit ihren Annahmen.

„Na, dann, Frau Finanzexpertin, lass uns doch mal loslegen! Erzähl mir doch mal zuerst, wie viel meine Riester-Rente wert ist – immerhin muss ich ja noch 585.000,- Euro zusammenbekommen!“

# MICHAELS RIESTER

Über Riester weiß Gloria gar nicht so viel, sie lässt sich erst einmal kurz erklären, was es mit dieser Altersvorsorge-Form auf sich hat.

„Also, Riester ist ja schwer umstritten, ich erzähle dir aber mal kurz die Eckdaten. Die Idee hinter dieser vom Staat geförderten Altersversorgung ist, dass Du Dir die gesetzliche Rente aufbessern sollst, weil diese ja bekanntermaßen hinten und vorne nicht reichen wird. Also hat Anfang der 2000er der Staat verfügt, dass die Finanzbranche Produkte entwickeln soll, die bestimmte Bedingungen erfüllen – vor allem anderen soll sie am Ende auf jeden Fall lebenslange Rentenzahlung garantieren, um die besagten Lücken aus der gesetzlichen etwas abzumildern.

Diejenigen, die berechtigt sind und 4 % ihres Bruttogehalts abzüglich der Förderung in ein solches Finanzprodukt einzahlen, bekommen jedes Jahr 175,- Euro Förderung vom Staat in diesen sogenannten Riester-Vertrag eingezahlt, dazu kommen noch 300,- Euro jährlich für jedes ab 2008 geborene Kind, für welches man Kindergeld erhält.

Bei mir wäre so ein Riester-Vertrag wahrscheinlich schon vor der Adoption von Johnny sinnvoll gewesen, aber ich habe mich früher immer von der Komplexität des

Produkts abschrecken lassen. Als wir dann aber Johnny bekommen haben, musste ich mich ja über alles Mögliche informieren und da ist mir aufgefallen, dass ich wohl jedes Jahr 475,- Euro Zulage von Staat erhalte, für die ich nichts weiter tun muss, als einen Teil meines Gehalts in so ein Riester-Produkt zu stecken.

Ich habe mir also ausgerechnet, dass 4 % meines Bruttojahresgehalts bei 26.400,- Euro insgesamt 1.056 Euro sind, von denen die 475 Euro staatlicherseits übernommen werden – hey, das ist ja wohl eine Wahnsinnrendite für 581,- Euro eigene Einzahlung, wo gibt es denn sonst noch sichere 45 % Gewinn in einem Jahr?

Natürlich war es dann doch nicht so einfach, wie ich es gerne gehabt hätte.

Es gibt alleine 4 verschiedene Riester-Produktarten vom Banksparplan bis zum Wohn-Riester, die dann alle auch noch in den Details und Kosten unterschiedlich ausgeformt sind.

Aber für die 45 % Rendite habe ich mich durch das ganze Angebot durchgekämpft und mich am Ende für einen Fondssparplan entschieden, weil ich da glaube, die größte Rente für mich rausholen zu können."

Gloria ist beeindruckt. 45 % geschenktes Geld ist ja wohl der Hammer! Warum hat sie eigentlich sowas nicht und warum haben Simone oder Claude davon noch nichts erzählt? Als sie sich bei Michael beschwert, fängt der an zu lachen.

„Gloria, bei Dir wäre diese Zulagen-Rendite doch viel geringer! Du bekommst doch nur 175,- Euro Förderung und Du verdienst richtig gut, Du müsstest also von vorneherein schon den förderfähigen höchsten Eigenbeitrag von 1.925,- im Jahr einzahlen. Dein Verhältnis Einzahlung zu Zulage liegt also ungefähr bei 8,3 %. Das ist zwar auch schon eine ganze Menge – aber zum einen wäre das schon fast mit einer normalen Geldanlage möglich und Du musst ja auch bedenken, dass Du an dieses Geld nur in Rentenform rankommst. Bei all diesen Riester-Produkten steht am Ende nämlich eine Rentenversicherung hintendran (außer bei Wohn-Riester, siehe Glossar) – und da relativiert sich dann doch wieder einiges. Du bist also kein so eindeutiger Riester-Fall wie ich. Während es bei mir Dummheit ist, wenn ich es nicht mache, bist Du einer der Fälle, bei denen es so auf der Schneide steht: Kannst Du machen, musst du aber nicht ..."

Na gut, wenn das so ist, regt sich Gloria wieder ab. Genauer anschauen will sie sich diese Riester-Geschichte aber schon bei Gelegenheit, irgendwie hatte sie da nur Negatives im Kopf dazu.

Michael erzählt weiter: „Ich habe mich also für einen Fondssparplan entschieden, weil ich daran glaube, dass die Wertpapiermärkte sich auf Dauer – immerhin läuft mein Riester ja über 36 Jahre – gut entwickeln werden.

Außerdem habe ich eine Garantie über die ganzen eingezahlten Beiträge, es kann also nicht sein, dass ich am Ende mit nichts dastehe. Schau, hier auf der Jahresmeldung hat mein Riester-Anbieter mir ausgerechnet, dass ich bei moderater Wertentwicklung von 3 % mit einer lebenslangen Rente von monatlich ca. 250,- Euro rechnen kann. Wenn die Märkte besser laufen als gedacht, kann es natürlich mehr sein, aber bei Versicherungen bleibe ich mal lieber vorsichtig."

Jetzt ist Gloria wieder dabei, mit diesen Zahlen kann sie was anfangen. „Sag mal, Michael, mit welcher Rentensteigerung rechnen die, das müssen wir ja auch mit berücksichtigen?"

Er sucht sich durch seine Unterlagen und stellt fest, dass es bei der von ihm angepeilten Auszahlungsweise eine jährliche Steigerung von 1,5 % sein soll, „dynamische Rente" nennt sich das dann.

Gloria schnappt sich ihren Rechner (https://www.zinsen-berechnen.de/entnahmeplan.php) und gibt ein: „Okay, Du willst ja nur 80 Jahre alt werden, also bekommst Du 13 Jahre lang diese Riester-Rente, die mit 250,- Euro anfängt, jährlich um 1,5 % steigt und gleichzeitig 3,3 % verliert – Deine persönliche Inflation geht ja weiter."

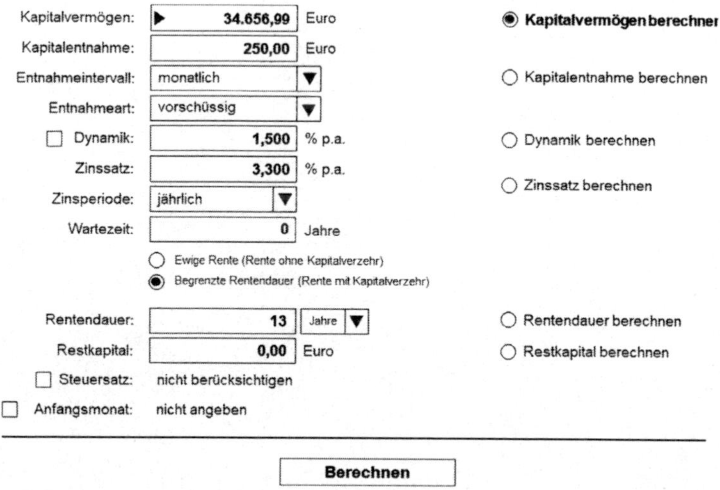

| | | | |
|---|---|---|---|
| Kapitalvermögen: | 34.656,99 | Euro | ◉ Kapitalvermögen berechnen |
| Kapitalentnahme: | 250,00 | Euro | ○ Kapitalentnahme berechnen |
| Entnahmeintervall: | monatlich | | |
| Entnahmeart: | vorschüssig | | |
| ☐ Dynamik: | 1,500 | % p.a. | ○ Dynamik berechnen |
| Zinssatz: | 3,300 | % p.a. | ○ Zinssatz berechnen |
| Zinsperiode: | jährlich | | |
| Wartezeit: | 0 | Jahre | |
| | ○ Ewige Rente (Rente ohne Kapitalverzehr) | | |
| | ◉ Begrenzte Rentendauer (Rente mit Kapitalverzehr) | | |
| Rentendauer: | 13 | Jahre | ○ Rentendauer berechnen |
| Restkapital: | 0,00 | Euro | ○ Restkapital berechnen |
| ☐ Steuersatz: | nicht berücksichtigen | | |
| ☐ Anfangsmonat: | nicht angeben | | |

Berechnen

„Also ist Deine Riester-Rente knapp 35.000,- Euro wert", sagt Gloria enttäuscht.

Auch Michael ist etwas bedrückt, er hatte mit deutlich mehr gerechnet. Sie überlegen ein wenig herum, warum der Wert so niedrig ist und es wird schnell klar: An diesem Punkt schlägt ihm bei der Rechnerei seine so niedrig angesetzte Lebenserwartung ins Kreuz.

# WARUM DU SO LANGE WIE MÖGLICH LEBEN SOLLTEST

Rentenversicherungen müssen ja sicherstellen, dass sie die monatliche Rente auszahlen können, egal wie lange der Kunde lebt.

Michael könnte ja schließlich auch 100 Jahre alt werden, auch dann müsste die Rentenversicherung zahlen, selbst wenn das ganze Kapital aus seinem eigenen Vertrag schon lange verbraucht wäre.

Da die Versicherung (egal welche, macht Euch hier bitte keine Illusionen) ja auf keinen Fall auf ihren ordentlichen Gewinn verzichten oder gar drauflegen möchte, kalkulieren sie die Rentenauszahlungen auf um die 30 Jahre – mal eins mehr, mal zwei weniger. Das ist für jeden Anbieter und Tarif unterschiedlich und abhängig von der jeweiligen Vertragslaufzeit, von der Kosten- und Anlagestruktur des Versicherers, von der Statistik und von ganz viel Versicherungsmathematik…

Am Ende ist auch die private Versicherungswirtschaft ein großer Solidartopf – diejenigen, die keine Gelegenheit haben, ihr komplettes Rentenkapital zu verbrauchen oder zu vererben, sponsern diejenigen, die länger leben.

Diese Garantie der lebenslangen Zahlung ist übrigens der einzige legitime Grund, warum es Rentenversicherungen gibt, ja sogar geben muss:

Kein anderes Finanzprodukt dieser Welt kann Dir diese Sicherheit und Planbarkeit so gewährleisten.

Du erhältst also mehr Geld, umso länger Du lebst – und richtig genial ist es natürlich, wenn Du länger lebst, als die Versicherung für Deinen Vertrag kalkuliert hat.

Na, wenn das mal kein Grund für ein wirklich langes Leben ist! ;-)

Aber: Vorsicht vor den Rattenfängern!

Leider sind sich viele Versicherungsverkäufer überhaupt nicht bewusst, welch starkes Argument tatsächlich für eine Rentenversicherung als ein Bestandteil der sicheren Grundversorgung im Alter spricht.

Stattdessen verkaufen sie jedem, der nicht bei 3 auf dem Baum ist, eine Versicherung als Geldanlage oder als Steuersparmodell und spiegeln damit Tatsachen vor, die bei genauer Betrachtung einfach nur teure Lügen sind.

Lass Dich auf solche Verkaufsmethoden bitte nicht ein.

# EINE WEITERE RENTENVERSICHERUNG

Michael erholt sich recht flott von seiner Enttäuschung. An der Sinnhaftigkeit des Sparens und der Zulagen ändert sich ja für ihn nichts.

Und sein Riester-Produkt kann ja auch nichts dafür, wie hoch er seine persönliche Inflation angesetzt hat oder dass er der Meinung ist, nicht allzu alt zu werden. Zudem rechnet er insgeheim damit, dass seine Fonds in dem Produkt sowieso mehr als 3 % Rendite erwirtschaften und er hat bei der Auswahl des Vertrags sehr genau darauf geachtet, dass er keinen furchtbar kostenintensiven Riester-Vertrag erwischt. Er ist sich also eigentlich sicher, dass die 250,- Euro anfängliche Monatsrente die unterste Grenze dessen sein wird, was ihn erwartet.

Außerdem hat er ja schließlich noch eine Rentenversicherung – und auf die ist er jetzt noch viel mehr gespannt.

Er erzählt Gloria die Geschichte (Übrigens: Jedes Finanzprodukt hat eine Geschichte. Das gehört einfach dazu.):

„Am Ende meiner Ausbildung – ich war knapp 19 Jahre alt – habe ich im Laden rumerzählt, was ich denn nun mit meinem neuen Gehalt als fertiger Geselle alles anfangen will. Zuerst wollte ich mal Urlaub machen. Mallorca sollte es sein, so richtig Ballermann. Boah, fand ich das damals toll!

Dann wollte ich zu Hause ausziehen und das Leben genießen, ohne dass meine Mutter mir erzählt, dass ich gefälligst sonntags um 13 Uhr zum Mittagessen aufstehen soll. Und ein Auto wollte ich, ich hatte mir schon eins rausgesucht und mit dem Händler über die Finanzierung gesprochen. Immerhin war ich ja jetzt offiziell erwachsen und verdiente mir meinen eigenen Lebensunterhalt.

Später, als der Laden geschlossen war und ich mal wieder Haare zusammenkehrte, hat mein Meister mich dann ins Gebet genommen: ‚Sag mal, Jungchen, wo willst Du denn jetzt eigentlich hin, so im Leben?', hat er mich gefragt. ‚Ähem, wie meinen Sie das denn jetzt?', hab ich zurückgefragt und wusste überhaupt nicht, was er von mir will.

‚Ist Friseurgeselle sein alles, was Du Dir vom Leben wünschst? Willst Du denn Dein Leben lang abends Haare zusammenkehren und zwei Mal im Jahr in Mallorca Urlaub machen – oder ist da vielleicht noch mehr?'

Natürlich war da noch mehr – aber irgendwie hatte ich gedacht, das würde sich alles im Laufe der Zeit von selbst ergeben. Ich hatte nicht damit gerechnet, dass ich mir da jetzt schon Gedanken machen müsste.

Wie auch immer, er hat mir schwer den Kopf gewaschen (haha, was für ein Bonmot für einen Friseur!) und mir ein paar Ratschläge ins Hirn gehämmert, unter anderem den hier:

‚Lege die Hälfte jeder Gehaltserhöhung auf die Seite – Du konntest es vorher nicht ausgeben, dann brauchst Du es auch jetzt nicht ausgeben.'

Natürlich habe ich mir daraufhin das Auto nicht gekauft und bin auch erst nach der Meisterschule zu Hause ausgezogen – aber auf dem Ballermann war ich. Und ich habe gespart, von Anfang an. Und weil mein Chef echt die Hand über mich gehalten hat, habe ich auch diese Rentenversicherung bei seinem Makler abgeschlossen."

Ziemlich stolz zeigt er ihr die letzte Jahresmitteilung seiner Rentenversicherung: Da steht, dass er mit 65 Jahren entweder eine Kapitalauszahlung von gut 170.000,- Euro erhält oder eine lebenslange Rente von mindestens 550,- Euro monatlich.

„Die Zahlen sind natürlich noch nicht endgültig", erklärt er Gloria. „Ich weiß nämlich schon, dass ich die Dynamik so ca. 10 Jahre vor Rentenbeginn rausnehmen werde – aus meinen anfangs 50,- Euro sind nämlich mittlerweile schon fast 127,- Euro geworden, die ich gerade monatlich einzahle. Das ist zwar alles in Ordnung und dient mir sozusagen als Inflationsausgleich – aber die letzten Jahre nehme ich diese Erhöhung raus, denn sie verursacht ja auch immer wieder Kosten und das Geld hat ja kaum noch Zeit, Gewinne zu erwirtschaften. Also kommt hier wohl etwas weniger Kapital zustande.

Andererseits kommen ja auch noch Überschussanteile und Schlussüberschussanteile dazu – das sind Gewinne, die die Versicherung im Laufe der Zeit oberhalb des Garantiezinses erwirtschaftet hat und von denen sie mir ja einen Teil abgeben muss. Wie viel das insgesamt alles sein wird, kann heute noch niemand sagen, aber ich denke, ich kann gut und gerne mit insgesamt 175.000 rechnen, ohne mich aus dem Fenster zu lehnen."

Gloria will schon anfangen, die Rentenzahlung von 550,- Euro in den Rechner einzutippen, da bremst Michael sie aus: „Nein, nein – hier brauchst du das so nicht zu rechnen! Ich nehme natürlich nicht die monatliche Rente in Anspruch, sondern lasse mir das Kapital auf einmal auszahlen.

Beim Riester geht das ja nicht, da kannst Du nur ein Drittel auf einmal rausnehmen – aber bei so einer normalen Rentenversicherung kannst Du bei Fälligkeit das ganze Kapital auf einmal haben.

Ich will flexibel sein und mir auszahlen, was ich brauche: Erstens spare ich damit die ganzen Versicherungskosten und außerdem glaube ich, dass ich mehr Rendite mit dem Geld mache als die Versicherung, die ja ihre ganzen Garantien erfüllen muss. Also, ich lege mein Geld selbst an – und dann kannst Du ruhig mal mit 4 % im Jahr rechnen, das bekomme ich immer hin."

Völlig baff von Michaels klaren Vorstellungen rechnet Gloria aus, wie viel in den zwei Jahren zwischen der Fälligkeit der Versicherung mit 65 Jahren und seinem geplanten Rentenbeginn mit 67 Jahren aus den 175.000,- Euro wird. „Steuerfrei ist die alte Versicherung übrigens auch noch!" wirft er währenddessen noch ein – aber dann hat sie schon das Ergebnis und beginnt die große Schlussabrechnung.

„Okay, Dein Mindestbedarf zum 67. war ein Vermögen von knapp 769.000,- Euro. Davon können wir abziehen:

- 183.000,- Euro Barwert Deiner gesetzlichen Rente,
- 35.000,- Euro Barwert Deiner Riester-Versicherung und
- 190.000,- Euro aus der privaten Rentenversicherung.

Bleiben noch 361.000,- Euro Rentenlücke übrig."

Großes Schweigen. Das ist ja eine furchtbar hohe Zahl – schon wieder!

Gloria fühlt sich sehr an ihr erstes Entsetzen erinnert, bevor sie fertig gerechnet hatte. Ihr fällt ein, was Michael vorhin erzählt hat: Michael hat gespart – da muss also noch etwas mehr sein!

„Wie viel hast Du denn jetzt gespart? Du hast gesagt, Du legst immer die Hälfte aller Gehaltserhöhungen zurück – und Trinkgelder sind da ja wohl auch inbegriffen, oder?"

Langsam entspannt sich Michaels Gesichtsausdruck wieder. Ja, er hat gespart. Er hat einen uralten Banksparvertrag, in den er monatlich 30 Euro einzahlt und er hat sein Wertpapierdepot, in welches er ab und an einzelne Aktien kauft. Außerdem läuft da auch noch ein Fondssparplan mit 100,- Euro rein – das Geld war eigentlich für Johnny gedacht.

Aber angesichts der gerade etwas angespannten Lage ist es wohl nicht so sinnvoll, dem Kind ein sattes Polster aufzubauen, obwohl die eigene Altersversorgung noch nicht gesichert ist. Er überschlägt im Kopf die Summen: „Naja, alles in allem habe ich wohl so 60.000,- Euro auf der Kante – die letzten Jahre sind ja an den Börsen wirklich gut gelaufen."

„Wie viel Rendite machst Du denn so im Schnitt, wenn Du Dich ja sogar an den Börsen auskennst?"

„Auskennen ist zu viel gesagt", erklärt Michael. „Ich habe Spaß an der Materie und ich hatte sowieso noch vor, mich mehr darin einzuarbeiten. Seit der Finanzkrise ging es ja fast nur noch bergauf und da bin ich im Jahr mit gut 8 % dabei gewesen – allerdings hatte ich vorher auch satt in den Sand gesteckt. Und bei den sicheren Sachen, Staatsanleihen und Bankanlagen und so – da ist ja momentan kein Blumentopf mit zu gewinnen. Aber ich komme langsam dahinter, dass, wenn man das alles strategisch verteilt und regelmäßig bespart, auf lange Sicht bestimmt 4,5 % Rendite zu machen sind. Da ist dann mal ein besonders gutes Jahr dabei und auch ein paar besonders schlechte – aber im Schnitt auf so lange Zeit wie 29 Jahre betrachtet, kann man ruhig von 4,5 % ausgehen."

Gloria ist erleichtert. Die Zahl hatte sie sich für ihre eigene Rechnung ja auch von Simone abgekupfert, so ganz daneben scheint sie also damit nicht gelegen zu haben. Sie tippt ein:

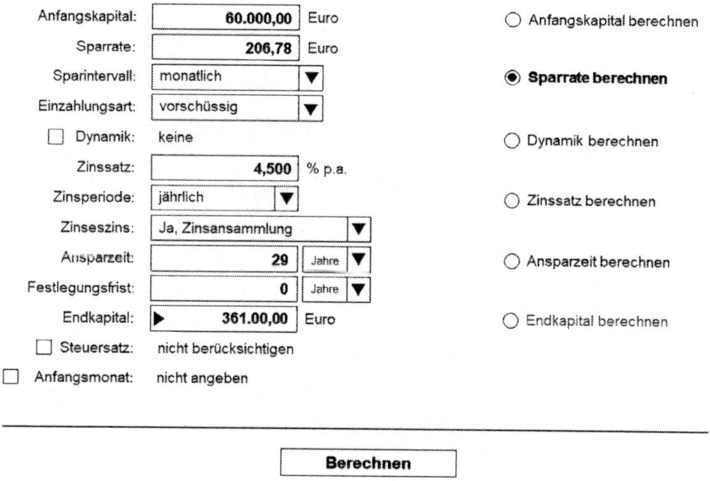


Ja, aber hallo! Das ist ja genau der gleiche Effekt wie bei ihr: Unterm Strich ist es gar nicht so schlimm.

Michael fängt auch zu lachen an: „Hey, das ist ja weniger, als ich momentan spare! Wenn ich also Johnnys Teil nicht zwingend für ihn verwende, brauche ich für meine Grundversorgung eigentlich gar nicht mehr zu machen, als ich bisher tue."

Gloria senkt den Kopf, setzt einen strengen Blick auf und sagt mit tiefer Stimme: „Sag mal, Jungchen, wo willst Du denn jetzt eigentlich hin, so im Leben? Ausruhen ist nicht – Du hast mal gerade deine Grundsicherung gestemmt, da muss aber schon noch ein bisschen mehr kommen, nein?"

Natürlich muss es. Das ist aber ein anderes Buch.

# EINE GUTE GESCHICHTE HAT EIN HAPPY END. SONST IST ES KEINE GUTE GESCHICHTE.

Nachdem also nun klar ist, dass auch Michael noch heftig an seinem Vermögensaufbau arbeiten muss, er sich aber dank seiner vorausschauenden Art keine echten Sorgen um seine Grundversorgung machen braucht, wenden sie sich Glorias neuester Idee zu: Kann und soll sie anderen Menschen das Go-go-Tanzen beibringen?

Michael überlegt lange, was er antworten soll. Er hat schon so viele Geschäftsideen kommen und scheitern sehen. Wenn er jedes Mal einen Euro dafür bekäme, wenn ein Kunde ihm was von einer tollen neuen Geschäftsidee erzählt, bräuchte er sich überhaupt keine Gedanken über seine Altersvorsorge zu machen.

Andererseits hat Gloria Recht. Go-go-Tanzen macht Laune – und wenn die Menschheit etwas braucht, dann sind es Dinge, die gute Laune machen. Man müsste halt mal schauen, ob sich Glorias Idee mit wenig finanziellem Aufwand umsetzen lassen würde und wie es in einem kleinen Umfeld erst mal probehalber ankäme.

Sie überlegen die halbe Nacht lang hin und her.

Mittlerweile hat Michael Feuer für die Idee gefangen, er hat sich nämlich überlegt, dass so ein Go-go-Tanzkurs mit

Sicherheit auch in der Regenbogen-Szene ein absoluter Renner sein würde. Man müsste es nur verstehen, das Produkt richtig zu adressieren und zu verkaufen …

Nach dem dritten Wein hat Gloria ihn schon als Kompagnon engagiert. Sie hat sofort gemerkt, dass seine Überlegungen Hand und Fuß haben.

Mitten in der Nacht entscheiden sie also, zuerst mal für einen Abend in der Tanzschule „Elegant & Rhythmisch" einen Saal zu mieten und mit dem engen Umfeld und ein paar von Michaels Kunden, von denen er ganz sicher ist, dass sie sofort drauf abfahren, einen Probe-Tanzabend für 10,- Euro anzubieten.

… ich erspare Euch den 4-jährigen Weg von Glorias erstem halb-privaten Tanzabend bis hin zu ihrer eigenen kleinen Tanzschule. Ihr könnt Euch ja vorstellen, dass das nicht einfach, aber sehr befriedigend für die beiden Geschäftspartner war.

Mittlerweile konnten beide ihre jeweiligen Angestelltenjobs auf 30 Stunden zurückfahren, wenn es weiter so gut läuft, steht auch eine weitere Reduktion der Arbeitszeit zur Debatte.

Mit viel Engagement und Geschick verdienen sie mit den beiden Standbeinen genug, um ihre jeweiligen Finanzpläne nicht nur in der Must-have-, sondern auch in der Früh-und-Flauschig-Version angehen zu können.

Gloria hat das Gebäude, indem sie die Tanzschule untergebracht haben, gekauft und macht sich ganz wunderbar als Vermieterin.

Michael ist eher dem Wertpapiermarkt zugeneigt und legt sein Geld weiterhin in ETFs und Einzelaktien an. Ab und an jammert er mal, dass er wieder etwas Geld verloren hat, aber im Großen und Ganzen hat er sich so in das Thema eingearbeitet, dass er nur ganz selten mal Simone um Rat fragen muss.

Natürlich sind sie noch lange nicht am Ziel, aber Gloria rechnet regelmäßig nach und hält sie mit den Zahlen bei der Stange und auf dem rechten Weg.

Ich bin stolz auf Dich. Sei auch Du stolz auf Dich!

Du hast es geschafft. Du hast ein ganzes „Rechenbuch" bis zum gar nicht so bitteren Ende gelesen.

Ich hoffe, ich konnte Dich mitnehmen und auf eine spannende Reise zu Deinen eigenen Finanzen schicken. Das, was ich Finanzbildung nenne, dessen Grundlage Du gerade in den Händen hältst, ist ein Prozess, der einmal angestoßen, unumkehrbar Dein Leben beeinflussen wird, wenn Du es zulässt.

Selbst wenn Dir die komplexe Rechnerei zwischendurch zu viel war und Du Deinen eigenen Finanzplan nicht auf Anhieb bis zum Schluss durchgerechnet hast, so weißt Du jetzt, auf was Du achten musst. Nimm das Buch in ein paar Wochen nochmal in die Hand und rechne Dich nochmal hinein, Du wirst sehen, es wird Dir deutlich leichter fallen.

Wir sind es nicht gewohnt, in Zahlen zu denken und Finanzen zu leben, Dein System braucht Zeit, diese ganzen Informationen zu verarbeiten.

Selbst wenn Du jetzt nur einzelne Teile sofort für dich adaptieren konntest, so werden sie Wurzeln schlagen und Blüten treiben. Jedes „mehr", welches Dir in den Nachrichten am Abend, in den Medien, Statistiken und Werbeversprechen der Banken und Versicherungen auffällt, jede Frage, die sich Dir in Sachen Finanzen und Rente aufdrängt, ist ein Schritt in die richtige Richtung.

Und natürlich ist das Happy End an den Haaren herbeigezogen. Das macht aber nichts, denn Michael hat sie jahrelang geschnitten...

# EINE PERSÖNLICHE BITTE ZUM SCHLUSS

Rezensionen sind ein extrem wichtiger Bestandteil von Produkten. Kunden verlassen sich auf deine Rezension, wenn sie vor der Entscheidung stehen, dieses Buch vielleicht auch zu kaufen. Bestimmte Rezensionen waren sehr wahrscheinlich auch bei dir der Grund, warum du dieses Buch gerade liest. Deine Rezension hilft meinen Büchern, sichtbarer zu werden.

Sollte dir das Buch also gefallen haben, wäre ich für eine Bewertung wirklich sehr dankbar. Ich lese gerne jede Bewertung und auch jedes persönliche Feedback an mich. Das hilft mir, meine Bücher und Kurse zu verbessern, da mir Kundenzufriedenheit sehr wichtig ist. Ein Buch lebt und es lebt vor allem durch Dich!

Nun danke ich Dir für den Kauf meines Buches und Deine Bewertung und wünsche Dir viel Erfolg mit dem Wissen aus diesem Buch und beim Rechnen und Umsetzen deines ganz persönlichen finanziellen Lebensplans.

Herzlich grüßt Dich
Anette Weiß

# ANHANG / GLOSSAR

**Schema für das Lebensplanrechnen, Schritt für Schritt**

1. Die Must-have-Rente, anhand des eigenen Lebensstils ausarbeiten und festlegen, wann in Rente gegangen werden soll.
2. Must-have-Rente versteuern und inflationieren. Mit dem persönlichen Inflationszinssatz auf den regulären Renteneintrittszeitpunkt hochrechnen. **Berechnung der inflationierten Rente:** Mit dem Finanztaschenrechner / der App: X = Jahre / persönliche Inflation = Zins / - Rentensumme = Start / 0 Rate / *? = Ende*
   Mit www.zinsen-berechnen.de, Sparplanrechner: Anfangskapital = Rentensumme Sparrate = 0 Zinssatz = persönliche Inflation Ansparzeit = Jahre bis Renteneintritt *Endkapital = inflationierte Rente*
3. Lebensalter festlegen.
4. Persönliche (reduzierte) Inflation im Alter festlegen.
5. Persönlichen risikoarmen Anlagezins im Alter festlegen.
6. 4 von 5 abziehen = Nettozinssatz im Alter (soll > 0 sein, Minus weglassen)
7. Gesamte Altersversorgungssumme ausrechnen: Wir brauchen die Summe, die zum Renteneintritt

vorhanden sein muss, um sie mit der monatlichen Must-have-Rente über die gesamte restliche Lebenszeit mit dem Nettozins verbrauchen zu können.

**Berechnung:** Mit dem Finanztaschenrechner / der App: X = Jahre / Nettozins = Zins / *? = Start* / inflationierte Rentensumme = Rate / 0 = Ende
Mit www.zinsen-berechnen.de, Entnahmeplanplanrechner:
*Anfangskapital = wollen wir berechnen* Kapitalentnahme = Rentensumme Dynamik = persönliche Altersinflation Zinssatz = Altersanlagezins (wahlweise auch Dynamik weglassen und den Nettozins als Zins eingeben) Rentendauer = Jahre des Rentenbezugs Endkapital = 0

8. Die Barwerte der gesetzlichen Rente, bzw. privater Vorsorgeversicherungen ausrechnen.
**Berechnung Barwert der gesetzlichen Rente:**
Mit dem Taschenrechner / der App:
Rentenbezugszeit = Jahre / Nettozins der gRV (persönliche Altersinflation abzgl. Steigerung der gesetzlichen Rente) = Zins / *? = Start* / hochgerechnete Rente aus der Versicherung = Rate / 0 = Ende
Mit www.zinsen-berechnen.de, Entnahmeplanplanrechner:
*Anfangskapital = wollen wir berechnen* Kapitalentnahme = hochgerechnete Rente aus der Versicherung Dynamik = Steigerung der gesetzlichen Rente Zinssatz = persönliche

Altersinflation Rentendauer = Jahre des Rentenbezugs Endkapital = 0

Andere Versicherungen mit Rentenauszahlung werden analog berechnet. Bei Versicherungen mit Kapitalwahlrecht zur Einmalauszahlung kann auch die Kapitalsumme angesetzt werden.

9. Alle Barwerte und eventuelle bereits feststehende Kapitalsummen von Nr. 7 (persönlicher Must-have-Gesamtkapitalbedarf, bezogen auf den Renteneintritt) abziehen. Das Ergebnis ist die „harte Rentenlücke", sprich, diese Summe sollte im Laufe der noch verbleibenden Arbeitszeit auf jeden Fall noch möglichst sicher geschlossen werden.
10. **Berechnung der monatlich notwendigen Sparsumme**, wenn die Lücke über Versicherungslösungen geschlossen werden soll. Hier können wir einen sehr vorsichtigen Zinssatz von 2,5 % bei Laufzeiten > 12 Jahre annehmen. Selbstverständlich sind auch Versicherungen bestrebt, höhere Renditen für ihre Kunden und sich selbst zu generieren, auch über staatliche Sonderförderungen und steuerliche Absetzungsmöglichkeiten ist eine größere Rendite möglich. Trotzdem verursachen Versicherungen immer auch Kosten, die zu Lasten der Rendite gehen, es empfiehlt sich also, an dieser Stelle eher pessimistisch zu kalkulieren. Kommt am Ende mehr dabei raus: umso besser! (Wenn Du im nächsten Schritt dann Angebote der entsprechend von Dir ausgesuchten Versicherungsform vorliegen hast, so kannst Du die

Werte aus deren niedrigster Hochrechnung einsetzen.)

Mit dem Taschenrechner / der App:

Verbleibende Arbeitszeit = Jahre / 2,5 = Zins / 0 = Start / *? = Rate* / harte Rentenlücke = Ende

Mit www.zinsen-berechnen.de, Sparplanrechner: Anfangskapital = 0 *Sparrate = wollen wir errechnen* Zinssatz = 2,5 Ansparzeit = verbleibende Arbeitsjahre Endkapital = Summe der harten Rentenlücke

Geeignete Instrumente dazu sind: Riester in all seinen Formen (4 Möglichkeiten) Betriebliche Altersvorsorge (5 Durchführungswege) Rürup (hauptsächlich für Selbständige und Gutverdiener) Private Rentenversicherung (klassisch, fondsgebunden und in Hybridvarianten)

**Falls die Lücke nicht über Versicherungs- und Sicherheitslösungen geschlossen werden soll oder kann,** hilft nur das schrittweise herantasten an die (irgendwann stemmbare) richtige Sparsumme und den mit Deiner Risikotoleranz erträglichen Zinssatz:

Mit dem Taschenrechner / der App:

Verbleibende Arbeitszeit = Jahre / *? = Zins* / - eventuelles Anfangsvermögen, sonst 0 = Start / monatlicher Sparbeitrag (rantasten und ausprobieren) = Rate / harte Rentenlücke = Ende

Mit www.zinsen-berechnen.de, Sparplanrechner: Anfangskapital = eventuelles Anfangsvermögen, sonst 0 Sparrate = rantasten und ausprobieren *Zinssatz*

= *wollen wir ausrechnen* Ansparzeit = verbleibende Arbeitsjahre Endkapital = Summe der harten Rentenlücke

**Die mathematische Formeln**

Wie versprochen, bekommst Du jetzt natürlich auch den theoretischen Unterbau zu unserer Rechnerei im Buch. Allerdings: Wenn Du nicht gerade VersicherungsmathematikerIn oder StastikerIn werden willst, brauchst Du im normalen Finanzleben hauptsächlich die Dreisatzrechnung und die Zinseszinsformel.

Der **Dreisatz** wird uns zwar in der Schule beigebracht, ich muss allerdings gestehen, dass sogar ich ihn wirklich dann richtig kapiert habe, als ich Hauptkassierer meiner ersten Bank wurde und auch die Sortenkasse zu verantworten hatte: In Vor-Euro-Zeiten konnte man viel Spaß damit haben, im Sommer sämtliche Urlaubswährungen dieser Welt hin und her zu tauschen.

Die einfachste Variante, den Dreisatz zu rechnen, ist die französische Über-Kreuz-Methode. Die wird zwar in deutschen Schulen gerne als „falscher Weg, halber Punktabzug“ bewertet, aber das verstehe, wer will: Als Beispiel nehmen wir die Kostenquote einer Rentenversicherung, die in den Unterlagen mit 23,46 % angegeben ist. Der Zahlbeitrag zu der Versicherung liegt allerdings bei 133,50 Euro – und Du willst nun wissen, wie viel Geld tatsächlich jeden Monat im Spartopf der Versicherung landet. Du schreibst also auf:

**133,50 € - 100 %** (gesprochen und gedacht: wenn 133,50 die 100 % meines Beitrages sind)
**? € - 23,46 %** (wie viel sind dann die 23,46 % Kosten, die davon abgehen?)
Jetzt ziehst Du einfach gedanklich zwei Striche „über Kreuz": vom ? zu den 100 % und von den 133,50 € zu den 23,46 %.
Da das Fragezeichen ja das Ergebnis Deiner Rechnung sein soll und das gegenüberliegende Ende des Strichs deine Bezugszahl ist, sind die 100 % Dein Teiler, sprich, Du nimmst die beiden bekannten Zahlen miteinander mal und teilst dann durch die Zahl am gegenüberliegenden Ende des Fragezeichenstrichs, also **(133,50 x 23,46) durch 100 = ?**
In diesem Zahlbeitrag von 133,50 Euro stecken also 31,32 Euro Kosten und in der Versicherung kommen nur 133,50 – 31,32 = 102,18 Euro als Sparbeitrag an.
Die Über-Kreuz-Methode verhindert in der Regel, dass Du falsche Beziehungen zu einander setzt: egal, wo Dein Fragezeichen im Kreuz steht, Du brauchst nur immer die beiden Enden des bekannten Strichs malzunehmen und durch die übriggebliebene Zahl zu teilen.

Die **Zinseszinsformel** ist deutlich komplexer und Du brauchst entweder Schul- oder einen finanzmathematischen Taschenrechner dazu, jedenfalls irgendwas, was eine Potenzier- und Wurzelfunktion hat, mit der Du auch umgehen kannst. Lass Dich bitte nicht darauf ein, Zinseszinsen schätzen zu wollen! Das geht vielleicht auf ein oder zwei Jahre und mit geraden Zahlen – aber

es hört spätestens auf, wenn Du schätzen willst, welche Endsumme bei einer Geldanlage auf 3 Jahre mit 4,65 % Zins für 14.333,70 Euro Kapital rauskommt. Das ist also unsere Formel, in die wir (theoretisch) unsere Zahlen einsetzen müssen: $Kn=K0\cdot(1+p/100)^n$
Eingesetzt sieht das dann so aus:
Gesuchte Endsumme = 14.333,70 $\cdot$(1+ 4,65 durch $100)^3$ und es kommen 16.427,67 Euro raus. Wenn Du Dich in das Thema Zinseszinsen mathematisch einfuchsen willst (was durchaus Spaß machen kann – jedenfalls wenn Du sonst wirklich überhaupt nichts mehr zu tun haben solltest), so kannst Du gerne auf der Webseite „Mathebibel" https://www.mathebibel.de/zinseszinsformel stöbern.

Für eine komplexe Lebensplanrechnung kommen wir mit diesen beiden Formeln und ihren Umstellungen aber leider nicht mehr aus. Wir brauchen die Möglichkeit, „von hinten nach vorne" zu rechnen, das macht man mit der **Barwert-Formel** und noch krasser, mit der erweiterten Barwertformel, bei der Du auch noch zwischenzeitliche regelmäßige Zahlungen berücksichtigst (Auszahlungen bei der Rente, Einzahlungen bei Krediten, das Ganze gibt's dann noch in vorschüssig und nachschüssig). Wenn Du nicht gerade BWL oder VWL studiert hast und/oder wirklich Spaß an Mathematik hast, vertraue bitte auf die Kraft der Computertools und finanzmathematischer Taschenrechner und vergiss den schrecklichen Anblick, den ich Dir der Vollständigkeit halber gleich biete. Einen einfachen Barwert berechnet man mit der Formel $C_0 = ct\cdot(1+i)^{-n}$ , wobei $C_0$ das gesuchte Anfangskapital ist, ct das Endkapital in t Jahren, i der Zinssatz geteilt durch 100 und $^{-n}$ die Anzahl der Jahre mit negativem Vorzeichen. Einen Renten- oder erweiterte Barwert errechnet man dann so: $C_0 = \text{Rente} \times [(1 + i)^n - 1]/[(1 + i)^{n-1} \times i]$ Ist genug jetzt, ja? Wenn Du ganz viel mehr Formel-Finanzmathematik lernen willst, so schreibe mich gerne an, ich versorge Dich dann mit entsprechenden Tipps zur Fachliteratur.

**Die gesetzliche Rente**

Die gesetzliche Rentenversicherung ist ein riesiges Wissensgebiet mit sehr viel Wenn und Aber, Ausnahmen, Änderungen, Höchst- und Mindestgrenzen und und und. Sehr viele weitere Informationen, dic nicht hier in das Buch gepasst hätten, habe ich Dir in einem Selbst. Wissen-Webinar zusammengefasst, welches Du unter https://www.finanzbildung.jetzt/gesetzliche-rente-webinar-wissen/ käuflich erwerben kannst, hier vermittle ich Dir all das, was ich als „vertieftes Allgemeinwissen" bezeichnen würde. Darüber hinaus kannst und musst Du all die Haken und Ösen der gesetzlichen Rente nicht alle selbst wissen, dafür gibt es Menschen, die sich darauf spezialisiert haben und die Dir (auch kostenfrei) weiterhelfen können. Die deutsche Rentenversicherung hat ein Servicetelefon eingerichtet, welches Du unter der Tel.: 0800 1000 4800 erreichen kannst, außerdem gibt es **Versichertenberater/-älteste** und allgemeine **Service- und Beratungsstellen** in Deiner Nähe, selbst die **Online-Beratung** ist mittlerweile möglich. Auch die Webseite der deutschen Rentenversicherung https://www.

deutsche-rentenversicherung.de ist gut gemacht und sehr informativ, allerdings manchmal etwas zu kurz gefasst, so dass nicht jede Information gleich beim ersten Lesen auch verständlich ist. Falls Dir übrigens bei Deiner Recherche ein **Rentenberater** über den Weg läuft: Das sind keine „normalen“ Berater, die Dir beim Abwägen und Ausrechnen der gesetzlichen Rente helfen, sondern es sind i.d.R. Rechtsanwälte, die sich darauf spezialisiert und fortgebildet haben, Dich beim Streit- und Diskussionsfall zu vertreten. Wenn Du also jemals Ärger mit der gesetzlichen Rentenversicherung haben solltest: Einen Rentenberater findest Du über die Webseite des Bundesverbandes https://www.rentenberater.de.

**Riester**

Der große Zankapfel der Nation. Ist Riester nun Mist oder nicht? Meine Lieblingsantwort: „Es kommt drauf an!“ Riester musst Du für Dich alleine bewerten lernen. Ich kann zwar pauschal sagen, dass ein Riester-Vertrag für z.B. eine alleinstehende, in Teilzeit angestellt arbeitende junge Mutter mit 3 Kindern mit Sicherheit eine gute Idee ist – aber ich kann nicht sagen: Riester sollte jeder machen! Es hilft also nichts, Du brauchst Informationen und Rechengrundlagen, wie Du bewerten kannst, ob Riester für Dich und Deine Situation sinnvoll ist oder nicht. Was Riester ist, wie es funktioniert und welche Riesterformen in Frage kommen, kannst Du in meinem Blog unter https://www.finanzbildung.jetzt/riester-grundsaetzlich/ nachlesen. Außerdem gibt es auch hierzu ein Selbst. Wissen-Rechenwebinar (mit einer wirklich hilfreichen

Abwäge-Checkliste), welches Du unter https://www.finanzbildung.jetzt/webinar-riesterrente/ käuflich erwerben kannst. Empfehlen kann ich Dir außerdem die Artikel von Finanztip https://www.finanztip.de/riester/ und, wenn Du Dir schon klar bist, welche Riester-Form es für Dich sein soll, die entsprechenden Tests von Stiftung Finanztest. Es gibt übrigens unzählige Blogartikel zu diesem Thema, zwei der besseren habe ich Dir hier aufgelistet: **https://www.freakyfinance.net/riester-rente/** Vincent Willkomm und seine Gastautorin Annabell Meyer haben eine klare Pro-Meinung.
Sowieso ist es nicht sicher, ob Riester in der nächsten Zeit nicht vielleicht vollkommen eingestellt wird: Da das Produkt von Gesetzgeberseite leider nicht in notwendigem Maße reformiert und modernisiert worden ist, steht zur Debatte, es komplett abzuschaffen und durch eine Art "Volksfonds" zu ersetzen. Die Entscheidungsfindung diesbezüglich dürfte aber noch bis mindestens 2024 dauern und es wird einen Bestandsschutz für bereits bestehende Verträge geben, so dass Du ruhig heute noch einen solchen Vertrag abschließen kannst, solltest Du feststellen, dass er genau das Richtige für Dich ist.

**Betriebliche Altersversorgung**

Auch die betriebliche Altersversorgung ist zuerst mal eine Grundsatzentscheidung, bevor es daran geht, sich die einzelnen Wege und Produkte im Detail anzuschauen. Spätestens seit wir das neue Betriebsrentenstärkungsgesetz haben, sollten sich Angestellte für den Must-have-Anteil der eigenen Altersversorgung über diese

Thematik genauer informieren. Auch hier ist selbstverständlich nicht alles Gold, was glänzt, es wird z.B. gerne unterschlagen, dass die eingezahlten Beiträge in diese geförderte Versorgungsform auf der anderen Seite die gesetzliche Rente schmälern – wie gut ist es, dass Du jetzt die gesetzliche Rente selbst nach- und ausrechnen kannst und somit weißt, was Dir auf dieser Ebene entgeht. Wie das alles miteinander zusammenhängt, habe ich im Blog unter https://www.finanzbildung.jetzt/schadet-die-betriebliche-altersvorsorge-der-gesetzlichen-rente/ aufgearbeitet. Viel Spaß beim Auswerten, wie sich Deine (eventuelle) betriebliche Altersvorsorge auf Deine eigene gesetzliche Rente auswirkt.
Gute und solide Grundsatzinformationen über die betriebliche Altersvorsorge findest Du außerdem z.B. bei Finanztip: https://www.finanztip.de/betriebliche-altersvorsorge/

**Der ominöse finanzmathematische Taschenrechner**
Ist eigentlich gar kein Taschenrechner, sondern ein kleiner Computer. Sozusagen ein www.zinsen-berechnen.de to go. Der Vorteil dieses Rechners liegt aber nicht nur in der Mobilität, sondern auch in der Praktikabilität. Wenn du mal weißt, wie Du mit ihm umzugehen hast, bist Du nicht nur deutlich schneller als mit dem Computertool, sondern auch noch deutlich flexibler: Es gibt fast keinen finanziellen Zusammenhang, den ich nicht damit berechnen könnte.
Außerdem bin ich der Überzeugung, das Geld-Rechnen am schnellsten und wirksamsten in Deinem Gehirn

Wurzeln schlägt, wenn Du alle Sinne benutzt, die Dir zur Verfügung stehen: sehen, schreiben, zeichnen, malen, sprechrechnen (ja, am besten sprichst Du die Zahlen mit, mit denen Du rechnest) und tippen.

Den Rechner kannst Du kostenlos als App im Google Play- ode Apple Store unter dem Namen "Helferlein" (von Geldlehrer e.V.) herunterladen. Als echtes Gerät erhältst Du den Rechner innerhalb meiner Kurse der **Finanzbildung-online.**

Die www.finanzbildung-online.de ist meine für Dich gemachte Online-Kursumgebung und die praktische Erweiterung zu diesem Buch. Hier lernst Du mittels kleiner Videos und begleitendem Arbeitsmaterial sowohl das Lebensplan-Rechnen im Detail, als auch alles Notwendige über die Geldanlage: Das ist das ideale Wissensfundament, damit Du anschließend ganz solide Dein selbstgebautes Finanzhaus draufstellen kannst.

# DANKSAGUNG

Ich danke und ganz fest an mein Herz drücken möchte ich auch Benita Königbauer, die mit ihrem felsenfesten Glauben an mich und daran, dass „die Welt dieses Buch braucht!“ dafür gesorgt hat, dass ich unterwegs nicht aufgegeben habe, denn: Wer will schon ein Rechenbuch lesen?

Ebenfalls bedanken möchte ich mich bei meiner unermüdlichen Assistentin Katharina Osika, die mich aus all meinen Kämpfen mit der Technik rausboxt und möglich macht, was ich nach unzähligen Versuchen für unmöglich gehalten habe.